重庆市城市园林绿化条例

——释　义——

谢礼国　主编

西南大学出版社
国家一级出版社　全国百佳图书出版单位

图书在版编目(CIP)数据

重庆市城市园林绿化条例释义 / 谢礼国主编. — 重庆：西南大学出版社, 2021.10
ISBN 978-7-5697-0591-1

Ⅰ. ①重… Ⅱ. ①谢… Ⅲ. ①城市 - 绿化 - 条例 - 解释 - 重庆 Ⅳ. ①D927.719.218.15

中国版本图书馆CIP数据核字(2020)第257231号

重庆市城市园林绿化条例释义

CHONGQING SHI CHNEGSHI YUANLIN LÜHUA TIAOLI SHIYI

谢礼国　主编

图书策划：段小佳
责任编辑：段小佳　雷希露
责任校对：李浩强
装帧设计：观止堂_未氓
排　　版：张　祥
出版发行：西南大学出版社(原西南师范大学出版社)
网　　址：http://www.xdcbs.com
地　　址：重庆市北碚区天生路2号
邮　　编：400715
电　　话：023-68868624
经　　销：全国新华书店
印　　刷：重庆友源印务有限公司
幅面尺寸：170 mm×230 mm
印　　张：13.25
字　　数：146千字
版　　次：2021年10月 第1版
印　　次：2021年10月 第1次印刷
书　　号：ISBN 978-7-5697-0591-1

定　　价：52.00元

编委会

前　言

《重庆市城市园林绿化条例》自1997年颁布施行以来，为促进我市园林绿化事业健康发展发挥了重要作用。虽然分别于2010年7月、2014年9月、2018年7月、2021年5月进行过4次修正，但由于施行年限较长，很多内容与当前园林绿化管理工作实际、社会经济发展情况不相符合、不相适应，不能满足生态文明建设、城市化发展和国家生态园林城市建设的需要。

2019年11月29日重庆市五届人大常委会第十二次会议表决通过新修订的《重庆市城市园林绿化条例》（以下简称《条例》），自2020年3月1日起施行。2021年5月，市人大常委会对《条例》进行了集中修订，该《条例》是规范和指导我市城市园林绿化规划、建设和管理的一部地方性法规。

城市园林绿化关系到推动城市高质量发展、创造高品质生活。良好的城市环境和生产生活生态环境，是满足人民日益增长的美好生活需要的重要保障。加强城市园林绿化是实现推动城市高质量发展、创造高品质生活的重要途径。

《条例》颁布施行是贯彻落实习近平生态文明思想和习近平总书记对重庆提出的营造良好政治生态，坚持“两点”定位、“两地”“两高”目标，发挥“三个作用”和推进成渝地区双城经济圈建设等重要指示要求，推动我市城市园林绿化事业持续健康发展的重要举措。

《条例》颁布施行对坚持习近平法治思想，贯彻落实全面依法治国方略，建设法治政府具有重要意义。习近平法治思想是全面依法治国的根本遵循，是引领法治中国建设在新时代实现更大发展的思想旗帜。全面依法治国是党中央"四个全面"战略布局中三大战略举措之一，是国家生活和社会生活有序运行的重要保障。根据《法治政府建设实施纲要(2015—2020年)》的部署要求，到2020年底，我市已基本建成职能科学、权责法定、执法严明、公开公正、廉洁高效、守法诚信法治政府。建立健全城市管理法律法规体系，做到有法可依，是建设法治政府的重要任务。城市园林绿化管理是城市管理的重要组成部分，《条例》的颁布施行是城市园林绿化领域法治政府建设的重要成果，也为下一步城市管理领域法治建设奠定了坚实基础。

《条例》颁布施行对提高我市城市园林绿化规划建设管理水平，促进城市园林事业持续健康发展具有重要意义。《条例》以促进城市园林绿化事业发展，加强生态环境保护，改善人居环境，增进人民身心健康为出发点，坚持以人为本、生态优先、科学规划、因地制宜、建管并重的原则，对城市园林绿化涉及的规划、建设、保护、管理和行政执法等方面做出整体性制度设计和系统性制度安排，特别是对城市绿线划定、永久保护绿地、城市生态公园、城市立体绿化、古树名木保护、园林传统技艺传承与保护等方面首次在地方性立法中予以规范和明确。

新修订的《条例》共五章58条，其中修改41条，新增17条，删除原条例5条，重点从明确责任义务、加强规划控制、规范建设管理、优化审批程序、严格监管执法等方面进行了修改和完善。

为推动地方性法规有效施行，我们组织力量对《重庆市城市园林绿化条例》内容进行了释义。在编辑过程中，得到了重庆市人大常委会法制工作委员会、重庆市人大城乡建设环境保护委员会、重庆市司法局的大力支持。由于时间仓促、水平有限，书中难免有错谬疏漏等不足之处，敬请批评指正。

编者

2021年10月

目　录

重庆市人民代表大会常务委员会
公告

〔五届〕第133号

《重庆市人民代表大会常务委员会关于修改〈重庆市土地房屋权属登记条例〉等四部地方性法规的决定》已于2021年5月27日经重庆市第五届人民代表大会常务委员会第二十六次会议通过，现予公布，自公布之日起施行。

重庆市人民代表大会常务委员会

2021年5月27日

重庆市人民代表大会常务委员会
关于修改《重庆市土地房屋权属登记条例》
等四部地方性法规的决定

（2021年5月27日重庆市第五届人民代表大会常务委员会第二十六次会议通过）

重庆市第五届人民代表大会常务委员会第二十六次会议决定，修改下列地方性法规：

四、对《重庆市城市园林绿化条例》作出修改

（一）在第二十五条新增一款，作为第四款"城市园林绿化主管部门应当加强对建设项目绿地率指标的核实等监督管理。"

（二）删除第二十八条。

重庆市人民代表大会常务委员会
公告

〔五届〕第73号

《重庆市城市园林绿化条例》已于2019年11月29日经重庆市第五届人民代表大会常务委员会第十三次会议通过，现予公布，自2020年3月1日起施行。

重庆市人民代表大会常务委员会

2019年11月29日

第一章　总　则

第一条　为了促进城市园林绿化事业发展，加强生态环境保护，改善人居环境，增进人民身心健康，根据《中华人民共和国城乡规划法》《城市绿化条例》等有关法律、行政法规，结合本市实际，制定本条例。

【释义】

本条是关于《条例》制定目的和依据的规定。

一、《条例》制定的目的

《条例》制定的目的是促进城市园林绿化事业的发展，加强生态环境保护，改善人居环境，增进人民身心健康。之所以强调“促进城市园林绿化事业的发展”，是因为城市园林绿化事业是城市公用事业发展、人居环境建设的重要组成部分，是城市物质文明、精神文明、生态文明建设的重要内容，对加强生态环境保护、改善人居环境、增进人民身心健康起着重要作用。发展城市园林绿化事业，也是贯彻落实习近平生态文明建设思想和“以人民为中心”发展理念的充分体现，保护城市生态、关注人居环境、关心人民健康是《条例》制定的初衷，也是当前国家生态环境保护战略和改善人民生活的工作要求。

二、《条例》制定的主要依据

《条例》制定的主要依据来自《中华人民共和国城乡规划法》和《城市绿化条例》两部上位法律法规，特别是国务院《城市绿化条例》，在其城市园林绿化的规定框架下，结合重庆市地方实际进行了补充完善。本《条例》所称的“有关法律、行政法规”还有《中华人民共和国环境保护法》《中华人民共和国大气污染防治法》《中华人民共和国治安管理处罚法》等，《条例》在修订过程中还参考了《中共中央国务院关于深入推进城市执法体制改革改进城市管理工作的指导意见》、住房和城乡建设部《园林绿化工程建设管理规定》等相关内容。

第二条 本市城市规划区、镇规划区内的城市园林绿化规划、建设、保护和管理，适用本条例。

【释义】

本条是关于《条例》适用范围的规定。

一、关于本《条例》的适用范围

本《条例》的适用范围包括适用的地域范围和适用的行业领域两个方面。适用的地域范围为本市城市规划区、镇规划区，适用的行业领域为城市园林绿化的规划、建设、保护和管理。

二、关于规划区

城市园林绿化作为城市的重要公用基础设施，在规划、建设、管理等方面都需要与城市规划管理相协调,城市绿化空间应纳入城市规划相应阶段控制,所以城市园林绿化工作要覆盖整个城市规划区和镇规划区,与《中华人民共和国城乡规划法》的适用地域范围相一致。本条所称城市规划区是指城市建成区以及因城乡建设和发展需要必须实行规划控制的区域,镇规划区是指镇建成区以及因城乡建设和发展需要必须实行规划控制的区域。

之所以确定本条例适用范围为城市规划区和镇规划区,是因为2007年修订的《中华人民共和国城乡规划法》对"规划区"的定义为"本法所称规划区,是指城市、镇和村庄的建成区以及因城乡建设和发展需要,必须实行规划控制的区域。规划区的具体范围由有关人民政府在组织编制的城市总体规划、镇总体规划、乡规划和村庄规划中,根据城乡经济社会发展水平和统筹城乡发展的需要划定"。根据该定义,镇规划区也是规划区包含的一部分,故将其纳入本条加以明确,鉴于村庄不属于城市园林管辖范围,故不予纳入。

第三条 城市园林绿化应当坚持以人为本、生态优先、科学规划、因地制宜、建管并重的原则。

【释义】

本条是对城市园林绿化的原则性规定。

一、以人为本原则

强调“以人为本”，是指城市园林绿化工作要本着“以人民为中心”的思想，体现全心全意为人民服务的根本宗旨，满足人民群众的需要，维护人民群众的利益。城市园林绿化要尊重群众的审美感受、符合群众的绿色人居环境要求，着力营造服务于广大人民群众的城市园林绿色空间。

二、生态优先原则

强调“生态优先”，是指在生态文明建设大背景下，要顺应新时代发展潮流，将生态文明建设放在优先地位，优先注重城市园林绿化生态效益的发挥，努力构建良好城市生态空间，创造优美的人居环境，将重庆建设成为山清水秀美丽之地。

三、科学规划原则

强调“科学规划”，是指城市园林绿化规划工作要遵循自然规律和社会规律，切实做到科学性，加强规划论证，实现城市园林绿化在规划层面的系统性、完整性、合理性，发挥园林绿化在城市中的重要作用，使整个城市园林绿化系统实现良性循环。

四、因地制宜原则

强调“因地制宜”，是指要结合重庆市地方自然特点和城市特色进行城市园林绿化，符合重庆地形地貌多样、建设用地紧张、多维度绿化空间丰富以及夏热冬冷的气候条件等各类地方特点。尤其是在植物应用、绿地规划与建设、立体绿化、绿地率指标等方面都要本着因地制宜的理念将城市园林绿化工作做好。

五、建管并重原则

强调“建管并重”，是指既要注重城市园林绿化建设，同时也要加强对城市园林绿化的管理，切实改变“重建设、轻管理”的工作方式。城市园林绿化是城市中唯一具有生命的基础设施，植物养护的好坏直接关系其在城市中的景观表现和生态作用的发挥，因此城市园林绿化的建设和管理工作应当齐头并进，两个方面均不得松懈。

第四条 市、区县(自治县)人民政府应当加强对城市园林绿化工作的领导，把城市园林绿化纳入国民经济和社会发展规划，保障城市园林绿化的经费投入。

鼓励开展城市园林创建活动，推动城市园林绿化事业健康发展。

鼓励单位和个人以投资、捐资、认建、认养、认管等形式，参与城市园林绿化建设和管理。

【释义】

本条是对城市园林绿化政策保障的相关规定。

一、市、区县(自治县)人民政府的有关职责

本条明确了由市、区县(自治县)人民政府加强对城市园林绿化工作的领导。根据《中共中央国务院关于深入推进城市执法体制改革改进城市管理工作的指导意见》(中发〔2015〕37号)第(三十)项内容，将城市园林绿化的经费投入进行明确，以保障城市园林绿化健康发展。

二、城市园林创建

从开展城市园林创建活动的实际成效来看，开展城市园林创建活动有助于大力推动城市园林绿化建设，提高城市园林绿化品质，形成人人爱绿、护绿的良好社会风气。按照国家政策和重庆地方园林绿化工作要求，应当鼓励开展城市园林创建活动，推动城市园林绿化事业健康发展。

三、吸引社会力量和社会资本参与城市园林绿化建设和管理

根据《中共中央国务院关于深入推进城市执法体制改革改进城市管理工作的指导意见》（中发〔2015〕37号）文件第（二十四）项“发挥市场作用，吸引社会力量和社会资本参与城市管理”的精神，本条鼓励单位和个人以投资、捐资、认建、认养、认管等形式，参与城市园林绿化建设和管理。如单位和个人投资、捐资、认建、认养、认管城市园林绿地，区县（自治县）人民政府及城市园林绿化主管部门可以给予冠名权等鼓励。

第五条 市城市园林绿化主管部门负责全市城市园林绿化管理工作。

区县（自治县）城市园林绿化主管部门负责本行政区域内的城市园林绿化管理工作。

规划自然资源、住房城乡建设、交通、水利等有关部门，依据各自职责做好城市园林绿化相关管理工作。

镇人民政府、街道办事处依据职责做好本辖区内的城市园林绿化工作。

【释义】

本条是关于城市园林绿化工作管理职责主体的规定。

一、重庆市城市园林绿化主管部门的管理职责

重庆市城市园林绿化主管部门负责全市城市园林绿化管理工作。

(一)贯彻执行国家有关城市园林绿化管理的法律、法规、规章和方针政策,会同有关部门研究起草城市园林绿化管理方面的地方性法规、规章和有关政策并组织实施,统筹城市园林绿化管理领域重大事项,负责拟订城市园林绿化发展战略、规划、计划并组织实施。

(二)负责城市园林绿化管理行业规范、技术标准体系建设;负责城市园林绿化管理工作的组织协调、监督检查和考核评价。

(三)组织编制市级绿地系统规划并组织实施,会同有关部门负责城市绿线的划定和监督管理工作,指导区县(自治区)绿地系统规划编制和实施工作、城市绿线划定和监督管理工作;依法负责建设项目绿化工程设计方案管理工作;在市政府的组织下与市规划自然资源部门共同编制城市绿地规划,并将其纳入国土空间规划;会同市规划自然资源部门共同确定永久保护绿地并向社会公布。

(四)负责城市园林绿化管理;负责占用(含临时占用)主城区满足相应条件的城市绿地和移植、砍伐城市公共园林绿化树木事项的管理;组织开展生态园林系列创建工作;组织开展城市义务植树活动;负责城市古树名木保护管理;指导区县(自治县)城市园林绿化工作;负责园林绿化市场监督管理工作,拟订园林绿化市场监督管理规章制度并监督实施。

(五)负责城市公园的行业管理工作;负责城市公园管理的业务指导和监督管理,负责拟定城市公园管理标准和规范,负责公园分级分类和评定等级管理;依法负责城市公园建设项目设计方案审批或备案,参与全市

城市公园发展规划和总体规划的编制；指导区县（自治县）城市公园管理工作。

（六）承担园林绿化方面市直管及跨区域的各项行政处罚及相应的行政强制职能；指导监督区县（自治县）城市园林绿化管理执法工作。

二、各区县（自治县）城市园林绿化主管部门的管理职责

各区县（自治县）城市园林绿化主管部门负责本行政区域内的城市园林绿化管理工作。

（一）贯彻执行园林绿化管理法律、法规和规章。贯彻执行城市园林绿化管理地方标准和技术规范。统筹规划城市园林绿化管理资源配置，拟订本区县（自治县）城市园林绿化管理规章制度。

（二）负责拟订并组织实施城区园林绿化方面的发展规划、年度计划和政策措施。

（三）负责城区园林绿化和城区公园建设、管理，拟订城区园林绿化和公园建设管理中长期规划、年度计划并组织实施。指导和协调城镇绿化工程建设。组织开展城市义务植树活动。负责城市古树名木保护管理。指导监督城市公园应急避难场所的规划、建设、管理工作。指导城镇、园区园林绿化工作。

（四）负责园林绿化行业市场管理。指导监督园林绿化工程定额、质量管理。

（五）组织编制绿地系统规划并组织实施，会同有关部门负责城市绿线的划定和监督管理工作。依法负责建设项目绿化工程设计方案管理工作。

(六)负责授权范围内的城市园林绿化管理执法工作。

三、市和区县(自治县)规划自然资源部门的管理职责

市和区县(自治县)规划自然资源部门依据自身职责履行好城市园林绿地国土空间用途管制职责,负责城市园林绿地的合理开发利用,建立城市绿色空间规划体系并监督实施。

(一)会同市城市园林绿化主管部门共同编制城市绿化规划,并纳入国土空间规划。城市绿化规划应当根据城市发展需要,合理安排同城市人口和城市面积相适应的城市绿化用地面积。人均公共绿地面积和绿化覆盖率等规划指标应当符合国家相关规定。

(二)组织编制全市和区县(自治县)国土空间规划时,对城市绿地系统规划进行综合协调与平衡。

(三)负责编制山城步道规划。

(四)与城市园林绿化主管部门共同按照职责分工负责城市绿线的划定和监督管理工作。

(五)同市城市园林绿化主管部门共同确定永久保护绿地。

(六)规划自然资源部门应当将本条例规定的绿地率、绿化空间控制要求等内容纳入国土空间详细规划,作为确定规划条件的依据。

四、市和区县(自治县)住房和城乡建设主管部门的管理职责

市和区县(自治县)住房和城乡建设主管部门依据自身职责履行好城市园林绿化相关工作,拟订城市人居环境改善相关政策、规划、计划并监督实施,承担城市人居环境改善工作,承担牵头协调和推进海绵城市绿地建设。

五、市和区县(自治县)交通主管部门的管理职责

市和区县(自治县)交通主管部门依据自身职责履行好城市园林绿化相关工作,负责相关综合交通附属绿化和防护绿地的建设和管理工作。

六、市和区县(自治县)水利主管部门的管理职责

市和区县(自治县)水利主管部门依据自身职责履行好城市园林绿化相关工作,指导江、河、湖、库水生态保护与修复,配合城市园林绿化主管部门开展城区消落带生态治理和修复,配合城市园林绿化主管部门开展长江、嘉陵江、乌江等城市蓝线外侧绿化缓冲带建设。

七、其他部门和单位的管理职责

政府其他行政主管部门依据各自职责做好城市园林绿化相关管理工作。镇人民政府、街道办事处负责辖区内涉及园林绿化的监督管理工作。

第六条 城市园林绿化主管部门应当开展并组织、指导城市园林绿化科学研究和成果转化,每年制定计划增加优质植物品种,推广先进技术和材料,加强生物多样性保护,提高城市园林绿化水平。

【释义】

本条是关于城市园林绿化科学研究工作的规定。

一、城市园林绿化科学研究的主要内容

城市园林绿化科学研究包含城市园林生态环境、消落带生态修复、高陡

边坡创面生态修复、新优园林植物引选育、乡土植物开发利用、植物营养诊断、病虫害预测预报与防治、园林土壤质量检测、古树保护、立体绿化、园林综合节水技术、园林有机废弃物资源化利用、数字园林工程等方面。

二、城市园林绿化科学研究的重要性

科学技术是第一生产力,城市园林绿化科学研究要具有实用性、前瞻性,应能够正确有效地指导未来城市园林绿化的健康发展。作为城市园林绿化主管部门,要一以贯之、持之以恒抓好城市园林绿化科学研究和成果转化工作,充分认识科学技术的重要性。

第七条 城市园林绿化主管部门应当研究制定产业政策,编制城市苗圃产业发展规划,组织指导园林绿化苗木生产。

【释义】

本条是关于园林绿化产业发展的规定。这是根据我市当前经济社会发展和城市园林绿化行业发展的现实需要制定的,目的是通过政策指引和规划指引,引导园林市场健康发展。

城市园林绿化产业涵盖城市园林绿化经济活动的方方面面,同时也贯穿于城市园林绿化规划、设计、施工、养护的全过程。城市园林绿化产业要健康发展,必须要有政策作支撑。作为城市园林绿化主管部门,应当制定出产业发展政策,研究产业发展方向,制定城市苗圃中长期发展规划以及近期发展计划,指导苗木产业发展和生产。

第八条 任何单位和个人都有享受良好城市园林绿化环境的权利，有保护城市园林绿化及设施的义务，对破坏城市园林绿化及设施的行为，有权进行劝阻、投诉和举报。

【释义】

本条是明确社会各单位和个人在城市园林绿化方面的权利和义务的规定，通过该措施实现全民享有、全民参与、全民监督、全民保护的城市园林绿化成果，共同保护美好家园。

第二章　规划和建设

第九条　城市绿化规划由市人民政府组织市城市园林绿化主管部门和市规划自然资源部门共同编制，并纳入国土空间规划。

城市绿化规划应当根据城市发展需要，合理安排同城市人口和城市面积相适应的城市绿化用地面积。人均公共绿地面积和绿化覆盖率等规划指标应当符合国家相关规定。

【释义】

本条是关于城市绿化规划的规定。

一、关于“城市绿化规划”“人均公共绿地面积”概念

“城市绿化规划”“人均公共绿地面积”的概念沿用于国务院《城市绿化条例》。市人大常委会在《条例》的立法过程中，考虑到上位法相关概念没进行修改，所以《条例》进行了沿用，“人均公共绿地面积”实为“人均公园绿地面积”。

二、城市绿化规划编制报批程序

重庆市城市绿化规划的作用在于指导全市各区县（自治县）绿化发展，其在规划层面上属于重庆市国土空间总体规划阶段的绿地系统专业规划，是重庆市国土空间总体规划的组成部分。在编制时序上，与重庆市

国土空间总体规划同步进行。规划范围是全市规划区范围。

重庆市城市绿化规划的编制是由市人民政府组织市城市园林绿化主管部门和市规划自然资源部门共同编制，批准后纳入重庆市国土空间总体规划进行综合平衡。各区县（自治县）以市城市绿化规划为指导，编制各区县（自治县）国土空间总体规划时同步编制各区县（自治县）城市绿化规划。

三、城市绿化规划的核心内容

城市绿化规划其主要任务是确定城市绿化的发展目标及总体布局，规划内容比较宏观，更多的内容是对城市绿地空间发展策略的专项研究，其中应当重点明确绿化发展三大指标，即城市绿化用地面积、人均公园绿地面积和绿地率指标。此外，城市绿化规划还应当包括明确发展目标，科学识别生态空间，划定生态控制线，统筹构建市域功能性生态网络，布局大型公园绿地、防护绿地和广场用地，布局重要区域绿地，划定重要公园绿地、防护绿地和生态控制线等内容。

四、城市绿化规划的相关指标

国务院《城市绿化条例》第九条规定："城市绿化规划应当从实际出发，根据城市发展需要，合理安排同城市人口和城市面积相适应的城市绿化用地面积。城市人均公共绿地面积和绿化覆盖率等规划指标，由国务院城市建设行政主管部门根据不同城市的性质、规模和自然条件等实际情况规定。"因此，城市绿化规划是指在编制重庆市国土空间规划阶段时，与其同步编制的关于重点确定同城市人口和城市面积相适应的城市绿化用地面积、人均公园绿地面积和绿地率等指标的规划成果。

人均公园绿地面积和绿化覆盖率等规划指标应当符合国家相关规定。国家相关规定包括《城市用地分类与规划建设用地标准》(GB 50137)、《城市绿地规划标准》(GB/T 51346)等。其中,绿地与广场用地面积占城市建设用地面积比例宜为10%~15%,规划人均绿地与广场用地面积不应小于10.0平方米,人均公园绿地面积不应小于8.0平方米。城市绿化规划的其他指标和内容如绿化覆盖率、绿地率、公园绿地服务半径覆盖率等还应当同时满足国家生态园林城市、国家园林县城等相关创建指标要求,各类防护绿地宽度也应当满足相应的规定。

第十条 城市园林绿化主管部门应当依据批准的国土空间规划、城市绿化规划编制城市绿地系统规划。城市园林绿化主管部门应当将涉及规划用地及空间布局的内容交规划自然资源部门综合平衡。

主城区城市绿地系统规划由市城市园林绿化主管部门组织编制,报市人民政府批准。

区县(自治县)城市绿地系统规划由区县(自治县)城市园林绿化主管部门组织编制,在征求市城市园林绿化主管部门意见后,报区县(自治县)人民政府批准。

经批准的城市绿地系统规划应当严格执行;确需变更的,应当按照法定程序进行。变更后的绿地总量不得减少,系统性不得破坏,功能性不得降低。

城市园林绿化主管部门应当根据城市绿地系统规划,编制城市园林绿化年度建设计划,并组织实施。

【释义】

本条是关于城市绿地系统规划的规定。

一、城市绿地系统规划及其与国土空间规划的关系

城市绿地系统规划是城市园林绿化主管部门依据批准的国土空间总体规划、城市绿化规划而单独编制的城市绿地系统专项规划。根据《重庆市城乡规划相关专业规划和专项规划编制与报批规定》(渝府办发〔2015〕96号),城市绿地系统规划是国土空间总体规划的八个城市型专业规划之一,是在城市范围内对国土空间规划进行细化落实、对有关专业规划进行综合平衡、对重大建设项目和实施时序进行综合统筹而编制的一类规划。在深入调查研究的基础上,根据国土空间规划中确定的城市性质、发展目标、用地布局等规定,科学制定各类城市绿地、广场用地以及城市规划区内区域绿地的发展指标,合理安排城市各类园林绿地建设,达到改善城市生态环境、美化人居生活空间、促进社会可持续发展的目的。

二、城市绿地系统规划与城市控制性详细规划的关系

本条明确"城市园林绿化主管部门应当将涉及规划用地及空间布局的内容交规划自然资源部门综合平衡",其中"应当"一词是指强制性的做法,即要求避免城市绿地系统规划与城市总体规划、控制性详细规划脱节的现象,避免绿地系统规划变成落不到地的"空规划"。因此,城市园林绿化主管部门应当做好衔接和把控工作,强化城市绿地系统规划的落地性,在城市绿地系统规划编制和审查过程中,应当加强与有关国土空间规划的衔接及"一张图"的核对工作,批复后纳入同级国土空间基础信息平台,叠加到国土空间规划"一张图"上。

三、城市绿地系统规划的规划内容与框架体系

城市绿地系统规划是对国土空间规划、城市绿化规划的细化和丰富，规划内容与框架体系可按照《建设部关于印发〈城市绿地系统规划编制纲要(试行)〉的通知》(建城〔2002〕240号)、《城市绿地规划标准》(GB/T 51346)进行补充。

四、城市绿地系统规划成果

城市绿地系统规划成果应包括规划文本、规划说明书、规划图则和规划基础资料四个部分。其中，依法批准的规划文本与规划图则具有同等法律效力。

五、我市城市绿地系统规划的层级

我市绿地系统规划可分为主城区城市绿地系统规划和各区县(自治县)城市绿地系统规划。此外，部分镇城市规划用地范围较大、绿地较多，也可根据需要编制镇绿地系统规划。

六、城市绿地系统规划编制与报批规定

各层级城市绿地系统规划编制与报批参照《重庆市城乡规划相关专业规划和专项规划编制与报批规定》(渝府办发〔2015〕96号)的相关要求执行。

七、主城区绿地系统规划的编制报批程序

主城区城市绿地系统规划即重庆市主城区绿地系统规划，在重庆市国土空间总体规划、重庆市城市绿化规划的指导下，由重庆市城市园林绿化主管部门组织编制并实施，报市人民政府审批。

主城区城市绿地系统规划是对我市主城区范围进行的区域性园林绿化整体统筹平衡的城市绿地系统规划，范围为重庆市主城区5473平方千米，包含渝中区、大渡口区、江北区、南岸区、九龙坡区、沙坪坝区、北碚区、渝北区、巴南区行政范围（含两江新区管理范围）。主城区范围新有调整的，按照重庆市人民政府确定的主城区范围进行相应调整。

重庆之所以开展主城区城市绿地系统规划，是由于重庆是山地城市，受地形条件以及城市历史发展原因，局部地区用地紧张，因此有必要酌情进行园林绿化的区域整体平衡。同时我市各项管理制度一直实行主城区范围内统筹管理，综合“一盘棋”考虑，因此在城市园林绿化方面针对主城区开展了绿地系统规划编制工作，以方便市级层面统一管理。

八、主城各区绿地系统规划的编制报批程序

主城区九个行政区在其国土空间规划和主城区城市绿地系统规划的指导下，编制各区绿地系统规划。主城各区有涉及两江新区、重庆市高新区、重庆市经开区等管理范围的根据实际情况确定编制范围。主城各区绿地系统规划由各区城市园林绿化主管部门组织编制并实施，在征求市城市园林绿化主管部门意见后，报各区人民政府批准。

九、其他区县（自治县）城市绿地系统规划的编制报批程序

其他区县（自治县）城市绿地系统规划是指在各区县（不包含主城九区）行政区范围内开展的城市绿地系统规划，由各区县（自治县）城市园林绿化主管部门组织编制并实施，在征求市城市园林绿化主管部门意见后，报各区县（自治县）人民政府批准。

区县(自治县)城市绿地系统规划应当在各区县(自治县)国土空间规划、重庆市城市绿化规划等相关规划控制内容下进行优化、细化,不得违背上述上位规划强制性条款内容。

十、城市绿地系统规划变更调整原则

经批准的城市绿地系统规划应当严格执行,确需变更的应当坚持三大调整原则,分别为:绿地总量不得减少,系统性不得破坏,功能性不得降低。

“绿地总量不得减少”是指整个城市绿地总面积不应减少,公园绿地、防护绿地、广场用地、附属绿地及区域绿地等不同类型绿地各自的总量也不应当减少。

“系统性不得破坏”是指单个绿地地块本身的完整性、整个城市各类绿地的系统性、城市公园绿地服务半径覆盖率的系统完整性等不得破坏,特别是不可将城市中心区绿地置换到城市外围边缘偏远地带,使人民群众不能方便休闲游憩。

“功能性不得降低”是指已规划的公园绿地在调整时不能用一块难以建设公园的土地进行置换,如不能将拆迁难度大、建设条件恶劣、不适宜建设公园的防护绿地等用来置换公园绿地。

第十一条　城市园林绿化主管部门、规划自然资源部门应当编制城市绿道规划和山城步道规划,将生态、文化、交通等要素有机融合,以步道串联城乡绿色资源和历史文脉。

【释义】

本条是关于城市绿道规划和山城步道规划的新增规定。

一、绿道的概念

绿道是以自然要素为依托和构成基础，串联城乡游憩、休闲等绿色开敞空间，以游憩、健身为主，兼具市民绿色出行和生物迁徙等功能的廊道。根据所处区位及环境景观风貌，绿道分为城镇型绿道和郊野型绿道两类。

二、关于城市绿道

本条所称的城市绿道主要指城镇型绿道，是在城镇规划建设用地范围内，主要依托和串联城镇功能组团、公园绿地、广场、防护绿地等，供市民休闲、游憩、健身、出行的绿道。城市绿道是顺应新时代发展需要，满足人民群众游憩健身、亲近自然需求的良好的城市园林绿地形式。同时城市绿道规划也是“国家园林城市系列标准”中的考核项目，因此本次条例修订新增了城市绿道和城市步道规划内容，填补了条例空缺，有助于推动我市城市绿道和城市步道建设。城市绿道的规划设计可参考住房城乡建设部颁布的《绿道规划设计导则》相关内容。

三、关于山城步道

山城步道是重庆城市绿道的特有类型，是极具山城特色主体要素的“步行道”。根据重庆山地城市特点，在部分城区，如渝中区；特殊地域，如城中山体、滨江地段等与解决市民休憩空间不足的问题。我市创新性提出了山城步道概念，注重将山城街巷的历史文化融入其中，留住乡愁记忆和城市文脉。

四、城市绿道规划、山城步道规划的编制主体

相关部门和单位要加强城市绿道和城市步道的规划建设。城市绿道规划主要由城市园林绿化主管部门负责编制，山城步道规划主要由规划自然资源部门负责编制。

五、城市绿道规划、山城步道规划的规划层面和编制报批程序

城市绿道规划和山城步道规划均属于专项规划，是对城市总体规划、城市专业规划进行深化、细化以及进行综合平衡的一类规划类型，其编制与报批规定参照《重庆市城乡规划相关专业规划和专项规划编制与报批规定》（渝府办发〔2015〕96号）的相关要求执行。

第十二条　规划自然资源部门、城市园林绿化主管部门，按照职责分工，负责城市绿线的划定和监督管理工作。

城市绿线分为现状绿线、规划绿线和生态控制线。现状绿线和规划绿线应当在国土空间规划各阶段分层次划定，生态控制线应当在国土空间总体规划阶段划定。

公园绿地、防护绿地、生产绿地，城中山体和江河、湖泊、水库蓝线以外的周边生态控制区域，风景名胜区等对城市生态环境质量、居民休闲生活和生物多样性保护有直接影响的绿地，应当划定城市绿线。

划定的城市绿线应当严格执行，及时向社会公布，接受社会监督。

【释义】

本条是关于城市绿线的规定。

一、绿线划定的主要工作依据

城市绿线的划定、管理和保护工作主要参照《城市绿线划定技术规范》(GB/T 51163)、《城市绿线管理办法》(中华人民共和国建设部令第112号)的详细规定执行。

二、相关部门在绿线划定中的职责

绿线划定工作应该由城市园林绿化主管部门主导,规划自然资源部门密切配合。依据《城市绿线管理办法》(中华人民共和国建设部令第112号),规划自然资源部门、城市园林绿化主管部门,按照职责分工,负责城市绿线的划定和监督管理工作。规划自然资源部门在国土空间规划各阶段对其规划的各类绿地划定城市绿线,并随着国土空间规划的调整对城市绿线进行动态管理。城市园林绿化主管部门主要负责现状城市绿地的绿线划定工作,对现状绿地加强管理和保护,将现状绿地准确边界纳入规划自然资源部门的国土空间管控之中。

三、城市绿线的类型

城市绿线共分为现状绿线、规划绿线和生态控制线三类。

现状绿线和规划绿线属于在城市建设用地上划定的城市绿线,主要在公园绿地、防护绿地以及生产绿地中划定。此外,《城市绿地分类标准》(CJJ/T 85)规定,绿化占地比例大于或等于65%的广场用地可以计入公园绿地,因此该类广场用地也应当划定绿线。

生态控制线属于在非建设用地上划定的城市绿线,包含江河、湖泊、水库蓝线以外的周边生态控制区域,以及城中山体、风景名胜区等。生态控制线是绿线的特殊类型，一般容易被忽视。《条例》特别强调了“生态控制线应当在国土空间总体规划阶段划定”，这也是第九条规定的城市绿化条例编制的重要内容。

四、城市绿线的划定阶段

绿线划定工作是一个动态的过程，是在一定时期内持续进行的。现状绿线和规划绿线应当在国土空间规划各阶段分层次划定，是一项跟国土空间规划相统一的由粗到细的控制过程，其间应进行动态调整，最后在城市控制性详细规划中将现状绿线和规划绿线最终确定。生态控制线是在非城市建设用地上进行划定，由于城市控制性详细规划覆盖不到，因此只在国土空间总体规划阶段划定，以国土空间总体规划划定的生态控制线进行最终控制。

五、划定城市绿线的重要性

城市绿线划定和管理是国家园林城市、国家生态园林城市创建标准中的否决项之一。城市绿线管理工作应加强对现状已建成绿地尤其是历史名园、大型公园、在绿地系统中起重要作用的绿地等的保护，禁止随意蚕食，减少因随意调整变更带来的重复建设和资金浪费现象。因此要及时划定现状绿线，图纸上要明确绿线边界和主要拐点坐标，在绿地中要设立界桩和绿线公示牌等进行公布，接受社会监督。

六、城市绿线的公示

划定的城市绿线可以通过当地报纸、电视等媒体进行公布，并在各区县（自治县）城市园林绿化主管部门网站和办公场所进行公示，方便市民查询。

第十三条 市城市园林绿化主管部门应当会同市规划自然资源部门确定永久保护绿地，向社会公布，并在永久保护绿地的显著位置设立告示牌。

【释义】

本条是关于永久保护绿地的新增规定。

一、永久保护绿地的定义

本条明确我市确立永久性绿地保护制度，以保护自然生态环境，落实生态文明建设要求。永久保护绿地是指以自然植被和人工植被为主要存在形态，符合城乡规划，生态功能、服务功能突出，具有长期保护价值的绿地。

永久性绿地是禁止开发建设的区域，相对于普通绿地，永久性绿地强调的是“永久”内涵。从字面上理解，既然是永久性绿地，就应该永久存在，任何单位和个人不得擅自改变绿地的范围和用途。如因重大事项需调整绿地，需按法定程序办理。重庆将对永久性绿地设立公示牌和界碑，同时不断加大对永久性绿地的管理和保护力度，让这些绿地能够长久造福人民群众。

二、永久保护绿地的确定

已建成的具有较高历史文化价值、园林艺术价值和生态价值的现状公园绿地，尤其是面积较大，具有长期保存价值，对周边居民发挥了重要游憩功能的城市绿地是永久性保护绿地确定的重点。此外依托河湖水系、山体、森林、典型地貌等重要生态空间而新规划的城市绿地也应当确定为永久性保护绿地。

三、重庆在相关领域的实践

重庆曾率先在全国提出划定禁止建设区概念，并促进了国家绿线划定制度的施行。禁止建设区与本条款中永久保护绿地的内涵大体一致。永久保护绿地参照当前实行的“四山”和“生态红线”的保护措施进行严格管控，在土地用途和占用方面比一般城市绿地更加严格，具体永久保护绿地管理办法另行制定。

第十四条 城市生态公园应当确定为永久保护绿地，并按照公园绿地进行建设管理，其配套管理服务设施用地应当计入建设用地指标，在项目实施时，其用地指标应当在所在行政区范围内等量置换平衡。

【释义】

本条是关于城市生态公园的新增规定。

一、城市生态公园的定义

城市生态公园是指用地性质为非建设用地，但紧邻城市建设用地或者被建设用地包围，具备山体、水系、林地、草地、湿地等自然景观资源，且具有保障城市生态安全功能和一定的城市公园服务设施，能够满足市民游览观光、休闲运动需求的绿地。

在规划上，城市生态公园是非建设用地(E或G/E)，但与城市建设用地相毗邻。在建设上，要解决配套管理服务设施用地指标，在行政区域内等量置换平衡。在管理上，管控要求等同于城市公园绿地，是永久保护绿地，是禁止开发建设的区域。

二、将城市生态公园确定为永久保护绿地的原因

城市生态公园为非建设用地，但其在城市中发挥了较大的城市公园作用。当前重庆的城市生态公园如园博园、照母山森林公园等均具有城中生态资源良好的水体、山林等绿色空间。因此《条例》中明确将城市生态公园确定为永久保护绿地，这更是践行“绿水青山就是金山银山”的发展理念，落实生态文明建设的需要，也是针对重庆城市园林绿化管理地方特色进行的一项制度设计，以适应园博园、照母山森林公园等非城市建设用地的绿化空间在当前城市园林绿化管理的实际工作需要。

三、城市生态公园中的建设用地指标

由于城市生态公园不属于城市建设用地，但根据城市生态公园建设管理实际，城市生态公园内的配套管理服务设施用地应当计入建设用地指标。其用地指标可在所在行政区范围内等量置换平衡，如城市生态公园中的管理建筑、游憩服务建筑设施用地，因此本条特别进行了明确。

第十五条 新建建设项目应当按照规定建设附属绿地，绿地率应当符合以下要求：

（一）居住项目不低于百分之三十，拆除重建的城市更新居住项目不低于百分之二十五；

（二）公共管理与公共服务设施项目不低于百分之三十五；

（三）商务设施项目不低于百分之二十五，商业设施项目不低于百分之十；

（四）道路与交通设施项目不低于百分之二十；

（五）其他类型的建设项目绿地率应当符合国家和本市相关规定。

因用地条件、建设项目特殊性等原因，绿地率不能达到前款规定确需调整的，建设用地使用权出让前，应当经规划自然资源部门会同城市园林绿化主管部门专题论证后，主城区由市人民政府批准，其他由所在区县（自治县）人民政府批准。

【释义】

本条是关于建设项目附属绿地绿地率指标的规定。

一、关于附属绿地绿地率指标

《条例》规定的绿地率指标要求，主要是对规划自然资源部门在编制国土空间总体规划、控制性详细规划时提出的管控要求。

城市建设项目附属绿地绿地率达标是改善人居绿化环境的根本。附属绿地是城市绿地系统的重要组成部分，一般占城市绿地的50%~60%，是保证城市内各种微环境质量和建设项目自身品质的基本前提。

二、建设项目分类依据

本条规定的建设项目分类依据《城市用地分类与规划建设用地标准》(GB 50137)中城市用地的分类规定。

三、相关术语解释

本条所称"居住项目"是指住宅和相应服务设施用地项目。其中，"拆除重建的城市更新居住项目"是指在城市建成区范围内对城市建设用地进行拆除重建为城市居住区的用地项目。

本条所称"公共管理与公共服务设施项目"是指行政、文化、教育、体育、卫生等机构和设施用地项目，不包括居住用地中的服务设施用地项目。

本条所称"商务设施项目"是指金融保险、艺术传媒、技术服务等综合性办公用地项目；"商业设施项目"是指商业及餐饮、旅馆等服务业用地项目。

本条所称"道路与交通设施项目"是指城市道路、交通设施等用地项目，不包括居住用地、工业用地等内部的道路、停车场等用地项目。

本条所称"其他类型的建设项目"，根据《城市用地分类与规划建设用地标准》(GB 50137)主要有商业服务业项目中的娱乐康体项目、公用设施营业网点项目、其他商业服务业项目，以及工业项目、物流仓储项目、公用设施项目、绿地与广场用地项目。

四、附属绿地绿地率指标确定的依据

目前国家和地方关于附属绿地绿地率指标的规定主要有《城市绿线划定技术规范》(GB/T 51163)、《城市绿化规划建设指标的规定》(建城〔1993〕784号)、《重庆市城市规划管理技术规定(2018版)》等。鉴于关于绿地率指标的规定较多,且指标不完全一致,因此除本条款规定的建设项目指标以外,应当按照法定效力层级,结合本市城市园林和经济发展实际,确定其他本条未规定的建设项目适用指标。

本条居住项目、公共管理与公共服务设施项目、道路与交通设施项目指标规定主要依据现行《建设部关于印发〈城市绿化规划建设指标的规定〉的通知》(建城〔1993〕784号)和《城市绿线划定技术规范》(GB/T 51163)。

五、特殊原因不能保证绿地率指标的相应程序

各类建设项目绿地率指标在核发规划许可环节时,均应符合本条相关规定,但因用地条件、建设项目特殊性等原因确实达不到本条绿地率指标规定的,应当在建设用地使用权出让前,由规划自然资源部门会同城市园林绿化主管部门召开专题论证会,邀请城市规划和风景园林行业专家对指标进行论证,专家人数应为三人以上单数。经综合各方意见后,主城区内的建设项目由市规划自然资源部门报市人民政府审批,主城区外的其他建设项目由各区县(自治县)规划自然资源部门报所在区县(自治县)人民政府批准。

第十六条 其他绿化空间控制应当符合以下要求：

（一）长江、嘉陵江城市蓝线外侧，城镇规划建设用地内尚未建设的区域控制宽度不少于五十米的绿化缓冲带，非城镇建设用地区域控制宽度不少于一百米的绿化缓冲带；

（二）其他江河溪流湖库沿岸，铁路、高速公路、城市快速路两侧等应当设置防护绿地，其宽度按照有关规定执行；

（三）组团隔离带宽度不小于一百米；

（四）因历史文化保护需要，在历史文化名镇、街区，传统风貌区和历史建筑保护范围内进行建设活动，不低于原有的绿地面积；

（五）用于城市园林绿化的苗圃、花圃、草圃等生产绿地，应当适应城市园林绿化建设的需要，其总面积不低于城市建成区面积的百分之二。

【释义】

本条是对除城市建设项目以外的其他绿化空间的控制要求规定。

一、其他绿化空间的管控

本条所列的“其他绿化空间”，其控制措施均应在国土空间规划中进行落实，城市园林绿化主管部门应将各类“其他绿化空间”的空间管控要求与规划自然资源部门进行对接，尤其是要在各阶段的国土空间规划征求意见环节进行反映。

二、关于城市蓝线

其中第(一)项中城市蓝线是指城市规划确定的江、河、湖、库、渠和湿地等城市地表水体保护和控制的地域界线。城市蓝线相关内容按照《城市蓝线管理办法》(中华人民共和国建设部令第145号)执行。

三、关于组团隔离带

其中第(三)项中,组团隔离带,是指为维护城市"多中心、组团式"空间布局形态,控制组团建设用地粘连发展,沿城市组团空间增长边界划定的以生态绿地为主、具有一定宽度的隔离绿带。重庆市组团隔离带的空间分布和具体管控措施可参考《重庆市主城区组团隔离带实施与利用规划》以及我市其他组团隔离带相关规划,组团隔离带的规划应保障其连续性和具有一定宽度,确因条件限制最窄处也应当保障不低于100米。

四、关于历史文化用地的绿化指标

其中第(四)项中,对历史文化用地的绿化指标出于对历史原貌的保护,不统一进行绿地率量化要求,但本条同时也规定在历史文化名镇、街区,传统风貌区和历史建筑保护范围内进行建设活动,不低于原有的绿地面积。

五、关于生产用地

其中第(五)项中,根据现行《城市用地分类与规划建设用地标准》(GB 50137),生产绿地不再属于城市建设用地类型。因此在生产绿地的规划时应在城市建设用地之外布局,同时生产绿地规划总面积不低于城市建成区面积的2%。

第十七条 规划自然资源部门应当将本条例规定的绿地率、绿化空间控制要求等内容纳入国土空间详细规划，作为确定规划条件的依据。

国土空间详细规划确定的绿地率属于强制性内容，确需变更的，应当按照法定程序进行。

【释义】

本条是对规划自然资源部门确定绿地率、绿化空间控制要求等相关规划条件的规定。

一、关于强制性内容

强制性内容是涉及质量、安全、卫生及环境保护等方面的必须要遵守的条文规定。本条是在规划环节加强了对城市规划的硬约束，确保规划的严肃性，明确了规划自然资源部门应将规定的绿地率、绿化空间控制要求纳入国土空间详细规划，作为确定规划条件的依据。在核发建设工程设计方案审查意见函时，应当将各用地的绿地率指标按照本《条例》第十五条的规定进行明确。

二、绿地率作为强制性内容的依据

原建设部制定的《城市规划编制办法》规定，控制性详细规划确定的各地块的绿地率应当作为强制性内容，为进一步强化城市绿线等绿化指标的刚性约束。条例明确指出国土空间详细规划确定的绿地率属于强制性内容，不能随意变更，确需变更的，应当按照法定程序进行。

第十八条　新建、改建、扩建公共建筑的，应当对平屋顶实施绿化。高架桥路、护坡、堡坎、轨道立柱、隧道口、崖壁、挡墙以及大型环卫设施等市政公用设施，应当按照相关标准和技术规范实施立体绿化。

鼓励办公楼、居民住宅楼等建(构)筑物实施多种形式的立体绿化建设。本条例第十五条规定的新建建设工程项目实施立体绿化的，立体绿化面积可以按照比例折算为建设项目的附属绿地面积。立体绿化鼓励办法由市人民政府制定。

实施立体绿化建设，应当符合相关法律、法规规定，并确保其所附建(构)筑物、相邻区域和通行的安全。

【释义】

本条是对立体绿化的新增规定。

一、重庆发展立体绿化的意义

重庆作为山地城市，建设用地紧张，绿化发展与人多地少的矛盾较为突出，同时山地城市的地形地貌决定了重庆主城区内护坡、堡坎等垂直空间非常多，建筑屋顶也成为城市常见的可视面。立体绿化可以扩大城市绿化空间，有利于缓解城市热岛效应，减轻城市雨水排泄压力，净化城市空气，实现建筑节能，一定程度上缓解绿化用地矛盾，具有良好的生态价值和经济效益，因此应积极发展立体绿化。

二、重庆发展立体绿化的强制性和鼓励性

本条对立体绿化的规定包括强制性规定和鼓励性规定两个方面。强制实施立体绿化范围明确为新建、改建、扩建公共建筑的平屋顶以及部分市政公用设施，根据相关标准和技术规范实施立体绿化。推荐和鼓励开展立体绿化的范围主要为有条件实施立体绿化的办公楼、居民住宅楼等建(构)筑物等。做强制和鼓励两类型的区分主要是出于优先开展公共建筑和市政公用设施立体绿化效果好、见效快、难度相对较小，同时能起到示范试点作用。部分办公楼、居民住宅楼涉及产权复杂、管理维护问题等，要搞立体绿化具有一定现实难度，因此会制定鼓励措施和政策支持，优先对一部分办公楼、居民住宅楼等开展立体绿化并逐步推广。

三、关于立体绿化安全

立体绿化建设应当按照相关的国家和地方标准、规范、规程等执行，如《屋面工程技术规范》(GB 50345)、《种植屋面工程技术规程》(JGJ 155)、《垂直绿化工程技术规程》(CJJ/T 236)等，在立体绿化安全方面，尤其是涉及立体绿化所依附的建(构)筑物结构安全、立体绿化设施自身稳定性和耐久性，以及与相邻区域的通行方面均应满足相应规定，切实保障人民群众生命财产安全。

第十九条 鼓励开展消落带绿化的科学研究和试点，培育、开发和推广适宜的消落带绿化植物，开展消落带生态治理与修复。

【释义】

本条是对我市《条例》适用范围内江河水岸消落带绿化研究的新增条款，是针对重庆多山地、多河流的地方特色进行的新增，弥补现行条例消落带领域的缺失。

一、关于消落带

消落带又称消落区，是河流、湖泊、水库特有的一种现象。它的形成主要有两个原因，一是季节性水位涨落，二是周期性蓄水。季节性水位涨落使被淹没土地周期性出露于水面。周期性蓄水是指大型水库(如三峡大坝)消落带的形成主要是因为周期性蓄洪或泄洪所导致的水位升降所造成的。

二、积极开展消落带绿化科学研究

重庆以山城、江城闻名于世。主城区内“两江四岸”绵延180千米，岸线长约400千米，消落区总面积近30平方千米，具有坡度大、立地条件差、反季节淹水等特点，适合生长的植物稀少。因此，消落带绿化科学研究是一项复杂的专业技术型研究，需要组织专业而雄厚的技术力量对其进行长期的检测和多次的试验，鼓励高等院校、科研机构开展消落带绿化的科学研究，积极与市外相关领域团队进行合作。

三、正确处理好消落带生态治理修复与水环境保护的关系

消落带治理是长江生态保护的重要一环。推动重庆全域江、河、湖、库实施消落带生态治理和修复，是切实保护消落带生态环境、建设山清水秀美丽之地的必然要求，也是塑造重庆城市形象、城市特色和提升城市品质的重要手段。但在开展消落带绿化试点方面，应当注意对开展消落带

绿化施肥、消除病虫害等方面的管控，尽量采用生物措施，切实避免对水体的污染，处理好消落带生态治理修复与水环境保护的关系。

第二十条 开发利用绿地地下空间的，应当符合国家和本市有关技术规范、规定，保证古树名木安全，不得影响植物生长、绿地使用功能和游憩安全。

因实施市政交通等基础设施确需在古树名木保护范围以及已建成公园绿地、防护绿地、广场用地和道路附属绿地的地下空间进行开发利用的，应当经城市园林绿化主管部门专题论证。

【释义】

本条是关于开发利用城市园林绿地地下空间的规定。

一、关于城市园林绿地地下空间利用

鉴于重庆以山地为主的地形地貌特征，地下空间的规范开发有利于提高城市空间资源利用效率。同时，绿地地下空间开发应当与经济和技术发展水平相适应，在现有技术条件下，对古树名木保护范围、已建成公园绿地、防护绿地、广场用地和道路附属绿地的地下空间进行开发往往破坏地表植被，影响树木生长，且难以恢复。进行轨道交通建设、隧道建设等开发利用绿地地下空间的，应当符合国家和本市有关技术规范、规定，尽量避免对城市园林绿地现有功能产生负面影响。

二、关于城市园林绿地地下空间开发利用论证

本条强调了对绿地地下空间的保护，保留了经专题论证的相关规定，明确由城市园林绿化主管部门召开专题论证会，邀请城市规划和风景园林行业专家对指标进行论证，做到开发绿地地下空间的科学性、专业性、严谨性，专家人数应为三人以上单数。

第二十一条　公园绿地、防护绿地、广场用地由人民政府确定的建设责任主体负责组织建设；建设项目附属绿地由建设单位负责建设。

前款规定以外的绿地，由所在地区县（自治县）人民政府确定建设责任单位。

【释义】

本条是对城市园林绿地建设责任主体的规定。

一、公园绿地、防护绿地、广场用地城市园林绿地建设责任主体

公园绿地、防护绿地、广场用地建设责任主体可以是各区县（自治县）城市园林绿化主管部门，也可以是政府投资平台公司，具体负责建设的责任主体由区县（自治县）人民政府确定。

二、城市绿地分类

城市绿地分类依据《城市绿地分类标准》（CJJ/T 85）的划分规定，分为公园绿地、防护绿地、广场用地和附属绿地。本条所称“前款规定以外的

绿地”主要指在非建设用地上建设的绿地。

第二十二条 城市建成区适宜绿化的闲置土地和储备土地应当按照国家和本市对相关土地进行临时利用的规定，由土地使用权人或者建设单位、土地储备机构进行简易绿化。

当地人民政府组织实施简易绿化的，土地使用权人或者建设单位、土地储备机构应当予以配合。

【释义】

本条是对城市建成区闲置土地和储备土地进行简易绿化的规定。

一、实行简易绿化制度的依据

《重庆市大气污染防治条例》第六十条的明确规定：“未开工或者停工的建设用地，由土地使用权人负责对裸露地面进行覆盖或者简易绿化；超过三个月仍未开工或者恢复建设的，应当进行绿化、铺装或者遮盖。适宜绿化的裸露地，责任人应当在园林绿化主管部门规定的期限内绿化；不适宜绿化的，应当进行铺装或者遮盖。裸露地在机关、企业事业等单位的，该单位为责任人；裸露地在居民小区内的，开发建设单位或者该小区物业管理单位为责任人；裸露地在道路两侧、河道两岸等公共区域的，该道路、河道管理者为责任人。”

二、简易绿化的相关责任

城市建成区部分闲置土地和储备土地因长期不开发，长满杂草，甚至堆放垃圾，影响市容市貌。按照《重庆市大气污染防治条例》的规定，结合当前城市品质提升以及园林绿化管理工作需要，因此增加对闲置土地和储备土地进行简易绿化的规定，以加强对闲置土地和储备土地的管理。明确了土地使用权人、建设单位、土地储备机构是对闲置土地和储备土地实施简易绿化的直接责任人；同时规定当地人民政府组织实施简易绿化的，土地使用权人、建设单位、土地储备机构应当予以配合，并增加了未按规定进行简易绿化的相应法律责任。

第二十三条　城市园林绿化建设应当注重植物造景，突出色叶植物、花卉植物运用，提高绿化、彩化、香化、美化水平，植物种植面积应当不低于其绿地总面积的百分之八十。园林绿化项目采用乡土植物的比例应当不低于该项目绿地植物总量的百分之七十。

公园绿地、防护绿地、广场用地等建设应当按照国家相关规范执行。

【释义】

本条是关于城市园林绿地建设基本要求的规定。

一、乡土植物

根据《风景园林基本术语标准》(CJJ/T 91)，乡土植物是指原产于本地或通过长期引种驯化适应本地生长的植物。规定“园林绿化项目采用乡土植物的比例应当不低于该项目绿地植物总量的百分之七十”的目的一是为增强项目的经济性，减少费用。二是使本地树种的适应性和成活率更好。其中“百分之七十”是对乡土植物应用总数量的比例规定。

二、城市园林绿地建设相关规范

城市园林绿地建设要求涉及面广，内容多，专业性强，因此本条进行了基本要求的原则性规定，但不局限于本条规定内容。具体城市园林绿地建设要求按照国家和地方专业规范和标准执行，如《公园设计规范》(GB 51192)、《城市居住区规划设计标准》(GB 50180)、《城市园林绿化评价标准》(GB 50563)、《动物园设计规范》(CJJ 267)、《植物园设计标准》(CJJ/T 300)、《垂直绿化工程技术规程》(CJJ/T 236)、《园林绿化工程施工及验收规范》(CJJ 82)等。

第二十四条 鼓励城市道路两侧沿线单位、居住小区建设开放式绿地，相邻小区相对集中布置绿地，建设共有公共活动空间。

【释义】

本条是促进绿地开放共享方面的新增条款。

根据当前国家和地方政策要求，应努力实现城市园林绿地共建共享，因此宜将附属绿地适度“融解”于城市公共绿地中，树立整合、共生的城市绿色空间发展理念，建立“一专多能”的绿地景观体系。在城市规划和建设阶段,鼓励将各用地地块内的绿化用地毗邻相邻用地集中布置,从而得到面积较大的集中绿化空间,通过开放式建设形成更贴近人民群众生活和工作的社区游憩环境。沿干道两侧的用地地块将绿化用地毗邻道路进行建设,也有利于形成绿量更丰富、景观效果更好、生态效益更佳的道路绿化景观,实现全民受益的共享效果。

鼓励建立开放式绿地模式。公园绿地、各类场馆等公共场所或者其他可与市民共享绿地的单位,采用开放式围墙,通过种植植物来进行分界或分流导向。

鼓励建立通透式绿地模式。需设置围墙的单位,宜采用通透式围墙,将墙内绿地景观展示于整个城市绿化大环境之中进行建设。

鼓励建立生态式绿地模式。对空间封闭性要求严格、只能采用实体围墙的单位,根据具体情况可采用垂直绿化墙达到绿地共建共享的效果。

第二十五条　建设项目附属园林绿化工程应当与主体工程同步规划、同步设计、同步实施。

建设项目按照基本建设程序审批时,应当有城市园林绿化主管部门参加审查附属园林绿化工程设计方案。其中,主城区建设用地面积二万平方米以上的由市城市园林绿化主管部门负责审查;其他由所在区县(自治县)城市园林绿化主管部门审查。

建设项目附属园林绿化工程植物种植确因季节等原因不能与主体工程同时完成的,完成绿化的时间不得迟于主体工程交付使用后的六个月。

城市园林绿化主管部门应当加强对建设项目绿地率指标的核实等监督管理。

【释义】

本条是对建设项目附属园林绿化工程的规定。

一、附属园林绿化工程建设基本原则

建设项目附属园林绿化工程属于建设项目的重要组成部分,其建设要受项目主体工程影响,如在建构筑物顶部进行覆土绿化,需要综合考虑荷载、覆土深度、管线安全、给排水等因素。因此,规定附属园林绿化工程应当与主体工程同步规划、同步设计、同步实施,以统筹附属园林绿化工程和主体工程以及其他工程的建设,一方面为附属园林绿化工程建设创造条件,另一方面有利于建成园林绿化成果的长期保护。

二、附属绿化工程建设的监督管理

本条规定了城市园林绿化主管部门对建设项目附属园林绿化工程建设进行监督管理的关键环节和主要职责:一是要参加审查附属园林绿化工程设计方案,二是要对建设项目绿地率指标的核实等加强监督管理。

按照《重庆市人民政府关于印发重庆市工程建设项目审批制度改革试点实施方案的通知》(渝府发〔2018〕43号)规定,工程建设项目审批流程主要划分为立项用地规划许可、工程建设许可、施工许可、竣工验收等四个阶段。目前,在规划自然资源部门牵头的工程建设许可阶段中,设计方案审查环节的“建设项目涉及园林绿地指标事项审查”,由规划自然资源部门审查并征求城市园林绿化主管部门意见，城市园林绿化主管部门应当对规定的绿地率等指标事项及其他规定审查事项提出明确意见。规划设计方案审查的办结时限为25个工作日，规划自然资源部门应当在此时限内完成城市园林绿化主管部门意见征求。其中，城市管理部门办理时限为6个工作日。

竣工验收阶段主要包括规划、消防、人防、防雷、档案等验收及竣工验收备案等。《重庆市城市园林绿化条例》第十七条规定建设项目绿地率属于国土空间详细规划强制性内容，同时《重庆市建筑管理条例》第五十七条、第五十九条规定实行建筑工程竣工验收制度和实行建筑工程竣工验收备案制度，县级以上建设行政主管部门组织对建筑工程竣工验收时，应当会同同级计划、规划、市政、土地房屋、环保、消防、邮电、绿化等有关部门共同进行。因此，城市园林绿化主管部门要对建设项目绿地率指标的核实等加强监督管理，可在建设项目规划验收、项目竣工验收或者竣工备案交付使用前进行，《重庆市城市园林绿化条例》未作具体规定，可进一步细化落实。

应当注意，城市园林绿化主管部门对建设项目附属园林绿化工程建设的监督管理，除建设项目绿地率外，还应当将《重庆市城市园林绿化条例》规定的关于城市园林绿地建设基本要求纳入监督管理，如乡土植物应用及园林绿化工程地形整理、苗木栽植、种植土壤等规定要求。

对建设项目附属园林绿化工程建设的监督管理，本条按建设用地规模规定了城市园林绿化主管部门参加审查附属园林绿化工程设计方案的权限，同时可以按照“谁审查谁负责”的原则，划分城市园林绿化主管部门对建设项目绿地率指标核实等监督管理权限。

三、附属园林绿化工程完工的延期规定

本条规定建设项目附属园林绿化工程应当与主体工程同步规划、同步设计、同步实施，未明确应当同步竣工验收，是由于附属园林绿化工程植物种植具有季节性，按照生态节约原则，可能不能与主体工程同时完成。根据我市地理气候特点，除去夏季等不宜苗木种植时间，规定完成绿化的时间不得迟于主体工程交付使用后的六个月，可以保证植物种植有适宜时节和合理工期。

应当注意，本条只规定园林绿化工程植物种植确因季节等原因，可以在主体工程交付使用后六个月完成，不包含园林绿化工程其他建设内容，如地形整理、种植土调配、园路铺装等。

第二十六条 公园绿地、防护绿地、广场用地以及道路附属绿地绿化施工前，应当编制城市园林绿化工程设计方案，城市园林绿化主管部门应当组织专家对设计方案进行论证。

主城区用地面积三万平方米以上的公园绿地、广场用地，用地面积五万平方米以上的防护绿地由市城市园林绿化主管部门组织论证；其他由所在区县（自治县）城市园林绿化主管部门组织论证。

【释义】

本条是关于公园绿地、防护绿地、广场用地以及道路附属绿地园林绿化工程的规定。

一、城市公共园林绿化工程设计方案的编制

条文中明确公园绿地、防护绿地、广场用地以及道路附属绿地施工前应当编制城市园林绿化工程设计方案，根据相关规定还应当由具有相应资质条件的专业机构进行编制。

二、城市公共园林绿化工程设计方案的专家论证

条文中“组织专家对设计方案进行论证”是指城市园林绿化主管部门组织以风景园林专家为主对设计方案进行论证，可以根据实际情况增加城乡规划或建筑工程专家等，重点对涉及相关规范要求，特别是强制性要求等内容进行专业把关，对不符合要求的设计内容提出明确整改意见，对相关内容提出优化建议等。

第二十七条　城市园林绿化主管部门应当加强对本行政区域内城市园林绿化工程地形整理、苗木栽植、种植土壤等质量安全监督管理，建立工程质量安全监管机制。

建设单位在城市园林绿化工程开工前应当及时告知城市园林绿化主管部门。

【释义】

本条是对城市园林绿化工程质量安全监督管理的规定。

一、城市园林绿化主管部门有关质量安全监督管理职责规定

城市园林绿化主管部门对城市园林绿化工程质量安全负有监督管理职责。《城市绿化条例》规定，城市人民政府城市绿化行政主管部门主管本行政区域内城市规划区的城市绿化工作，监督检查单位附属绿地的绿化规划和建设。根据《中华人民共和国安全生产法》第九条“县级以上地方各级人民政府有关部门依照本法和其他有关法律、法规的规定，在各自的职责范围内对有关行业、领域的安全生产工作实施监督管理。安全生产监督管理部门和对有关行业、领域的安全生产工作实施监督管理的部门，统称负有安全生产监督管理职责的部门”，城市园林绿化主管部门应当依法履行城市园林绿化工程安全生产的行业监督管理职责。《重庆市安全生产条例》第七条规定，城市园林绿化主管部门在职责范围内依法对本行业、本领域的安全生产工作实施监督管理，承担本行业、本领域安全生产直接监督管理责任，属于负有安全生产监督管理职责的部门。《重庆市建设工程安全生产管理办法》(重庆市人民政府令第289号)第三十条(七)项规定:园林部门负责园林绿化工程的安全监督管理。住房城乡建设部《园林绿化工程建设管理规定》对园林绿化主管部门监督园林绿化工程质量安全做出了具体规定。

二、城市园林绿化工程质量安全监督重点

绿化工程是城市园林绿化工程的主要部分，也是必不可少的部分，由此城市园林绿化工程区别于其他工程项目。本条按其兴建程序，罗列了地形整理、种植土调配、苗木栽植等质量安全监督重点环节。其中，地形整理，是指通过对场地的填、挖、堆、筑等塑造出基本的山水骨架、园林布

局，为园林工程建设整造出能够适应各种项目建设、更有利于植物生长的地形空间。种植土调配，是指利用自然表土与有机质、肥料等按一定比例掺混，以调配保水保肥、透气良好、适宜园林植物生长的土壤，土壤有效土层厚度、土壤理化性质直接关系园林植物的生长状况，是影响园林绿化工程质量的关键因素。苗木栽植，是利用有生命的植物材料营造景观空间，是绿化工程的核心内容，植物材料及种植施工的质量，直接影响景观效果。

在重庆，由于独特的自然地理条件，园林绿化工程施工往往有切坡、基坑开挖、大树吊装等危险性较大作业，同时园林绿化工程内容较多，还包括园路铺装、假山堆叠、园林理水、园林建构筑物、给水排水、供电照明工程等，因此，园林绿化工程质量安全监督重点要根据工程实际确定。

对园林绿化工程及相关工程建设，国家和我市已有相应的规定、标准、规范，如住房和城乡建设部《园林绿化工程建设管理规定》《园林绿化工程施工及验收规范》(CJJ 82-2012)等，要按照相关标准、规范规定进行质量安全监督。

三、建立工程质量安全监管机制

建立工程质量安全监管机制是城市园林绿化主管部门加强对城市园林绿化工程质量安全监督的基础工作，需要根据相关法律法规规定，以服务、指导、监督、执法检查等形式，在监管对象确定、监管职责划分、监管流程安排、监管信息发布、监管结果应用等方面进一步细化，形成规范化制度安排，确保监管落地。

四、城市园林绿化工程开工前的告知程序

建设单位在城市园林绿化工程开工前应当及时告知城市园林绿化主管部门，这是对建设单位有关园林绿化工程质量安全监管职责义务的规定，也是城市园林绿化主管部门及时履行有关监管职责的基础条件。城市园林绿化主管部门应当按照方便、快捷、及时、高效的原则，在告知途径、对象、方式等方面进一步细化落实告知程序。

第三章　保护和管理

第二十八条　城市园林绿化养护管理实行分工负责制：

（一）公园绿地、广场用地由城市园林绿化主管部门或者有关单位负责；

（二）防护绿地由防护主体的建设管理业主负责，无建设管理业主的由辖区人民政府确定的管理单位负责；

（三）附属绿地由管理单位或者产权单位负责。

前款规定以外的绿地的养护管理责任单位，由所在地区县（自治县）人民政府确定。

【释义】

本条是对城市各类绿地养护管理责任主体的规定。

明确城市园林绿地养护管理分工，是做好城市园林绿地保护、管理工作的基础。本条主要依据城市园林绿地用地性质，分别确定其相应管理主体。

（一）公园绿地、广场用地由城市园林绿化主管部门或者有关单位负责。国务院《城市绿化条例》第十七条规定：城市的公共绿地、风景林地、防护绿地、行道树及干道绿化带的绿化，由城市人民政府城市绿化行政主管部门管理。城市园林绿化主管部门，既对本行政区域城市园林绿化实行行业管理，也负有公共性质城市绿地直接管理的职能职责。公园绿地、广场用地是重要的城市园林公共绿地，主要由城市园林绿化主管部门负责管理，以保证城市绿地系统中的骨干部分正常发挥其休闲游憩、生态维护、环境美化、减灾避险等综合作用。但随着城市规划空间的拓展，城市园林公共性质绿地类型更加丰富，投资建设主体更加多样，因此城市园林公共绿地养护管理主体，除城市园林绿化主管部门外，还存在城市园林公共绿地权属单位、建设业主单位和授权管理单位等其他单位。

（二）防护绿地由防护主体的建设管理业主负责，无建设管理业主的由辖区人民政府确定的管理单位负责。防护绿地一般用地独立，具有卫生、隔离、安全、生态防护功能，游人不宜进入，主要包括卫生隔离防护绿地、道路及铁路防护绿地、高压走廊防护绿地、公用设施防护绿地等，一般由防护主体的建设管理业主负责养护管理。但随着对城市环境质量要求的提升，防护绿地的功能向复合化方向转变，同一防护绿地可能同时承担诸如生态、隔离、安全等多种功能，其建设、管理目标发生了变化，养护要求也更高。此外，因防护主体改变，如高压线、有毒有害工厂、铁路等改线搬迁遗留下来的现状防护绿地，原建设管理业主不再负责管理。因此，根据实际情况本条规定由辖区人民政府确定此类防护绿地的管理单位。

（三）附属绿地由管理单位或者产权单位负责。附属绿地是指附属于各类城市建设用地（除“绿地与广场用地”）的绿化用地，包括居住用地、商业服务业设施用地、工业用地、道路与交通设施用地等用地中的绿地。因此，各类城市建设用地的管理单位或者产权单位，即是该城市建设用地附属绿地的养护管理责任单位。

除前述绿地类型外，尚有位于城市建设用地之外，具有城乡生态环境及自然资源和文化资源保护、游憩健身等功能的区域绿地，如郊野公园、湿地公园等，由于历史沿革、用地性质复杂等原因，需要由所在地区县(自治县)人民政府确定养护管理责任单位。

第二十九条　城市园林绿化主管部门应当对城市园林绿地的养护管理给予技术指导。

城市园林绿地的养护管理责任单位应当按照国家和本市相关技术规范履行管护责任，并建立定期巡查制度，加强对城市园林绿地的安全管理，及时采取措施消除安全隐患。

【释义】

本条是对城市园林绿化养护主体基本养护责任的规定。

对城市园林绿地的养护管理给予技术指导，是城市园林绿化主管部门发挥行业主管部门指导作用、服务功能的具体体现，也是建设服务型政府的具体要求。养护管理的根本要求，是要按照国家和本市相关技术规范进行，否则即是损毁园林植物、破坏园林绿化的行为。养护管理的基本方式是定期巡查，加强现场管理。保证安全是养护管理的基本要求，对安全隐患要及时消除。

第三十条 禁止将公园绿地、防护绿地、广场用地、道路附属绿地等进行出让、出租、抵押。

禁止在公园绿地、防护绿地、广场用地、道路附属绿地内建设与城市园林绿化及其附属设施无关的项目。

【释义】

本条是关于城市园林公共绿地管理方面的相关禁止行为规定。

城市园林公共绿地是与群众生活息息相关的公共服务产品，是重要的公益事业和民生工程，必须坚持城市园林公共绿地的公益性，必须坚持政府主导的原则，明确政府责任，保证城市园林公共绿地财政投入，防止任何可能违背城市园林公共绿地的公益性发展方向、违背服务人民群众宗旨的行为。对此，住房和城乡建设部有明确要求，在《促进城市园林绿化事业健康发展的指导意见》（建城〔2012〕166号）、《住房城乡建设部印发〈关于进一步加强公园建设管理的意见〉的通知》（建城〔2013〕73号）中，都有具体规定。

禁止将公园绿地、防护绿地、广场用地、道路附属绿地等进行出让、出租、抵押，如出租防护绿地作苗圃、抵押公园绿地融资等，防止公共绿地使用性质发生改变，杜绝任何公共绿地成为私人产权的可能。禁止在公园绿地、防护绿地、广场用地、道路附属绿地内建设与城市园林绿化及其附属设施无关的项目，如在防护绿地内兴建停车场、驾校练车场，在公园绿地兴建私人会所、广场用地内兴建茶餐厅等，防止利用公共绿地资源进行经营性开发，弱化城市园林公共绿地公益属性，侵害公共利益。

以上禁止行为针对城市园林公共绿地，因此任何城市园林公共绿地管理责任单位，都应当遵守。

第三十一条 任何单位和个人不得擅自砍伐城市园林树木，占用和临时占用城市园林绿地；不得擅自移植城市园林公共绿地内树木。移植城市园林公共绿地以外树木的，不得对绿地资源造成损害。

因项目建设、土地征转、排危排险、交通组织转换、增加市政配套设施等特殊原因需要移植城市园林公共绿地内树木，砍伐城市园林树木，占用和临时占用城市园林绿地的，应当按照本条例的规定办理审批手续。

因城市公共基础设施建设、国家重点建设项目需要移植、砍伐行道树，占用城市园林公共绿地的，在前期阶段应当征求城市园林绿化主管部门意见。

因紧急排危排险确需移植城市园林公共绿地内树木，砍伐城市园林树木或者临时占用城市园林绿地的，可以先行移植、砍伐或者临时占用。但是，应当在险情排除后五个工作日内补办审批手续，并及时告知城市园林绿化养护管理责任人。

城市园林绿化主管部门应当加强对移植、砍伐城市园林树木，占用和临时占用城市园林绿地的事中事后监管。

【释义】

本条是对城市园林绿化保护的规定。

本条例所称占用城市园林绿地是指无限期把绿地改为非绿地用途，其用地性质可能经过了规划调整，也可能不需调整；临时占用城市园林绿地是指暂时占用绿地,期满恢复绿地,不涉及绿地用地性质改变。

本《条例》所称移植,是指按照一定规范要求将苗木他处栽种的行为;本条所称砍伐,是指使用刀、斧、锯等工具使树木断折、倒伏的行为。

园林绿化保护的基本要求是:不得擅自砍伐城市园林树木,占用和临时占用城市园林绿地,不得擅自移植城市园林公共绿地内树木。

因建设、管理需要移植城市园林公共绿地内树木,砍伐城市园林树木,占用和临时占用城市园林绿地的,应当按照本条例的规定办理审批手续。其中建设、管理需要,罗列了项目建设、土地征转、排危排险、交通组织转换、增加市政配套设施等情形,但不限于罗列的情形。

在实际工作中,城市公共基础设施、国家重点建设项目建设往往需要占用较大数量城市园林绿地,移植较大数量城市园林树木(包括行道树),为尽可能保护园林绿化建设成果,减少绿地占用、树木移植,本条规定在有关项目建设前期阶段,即项目生成、方案设计等阶段,应当征求城市园林绿化主管部门意见,以便综合平衡、统筹协调。

本条按照安全优先、民生优先的原则,规定了因紧急排危排险等,如涉及水电气管线抢修、道路安全排险等,确需移植城市园林公共绿地内树木,砍伐城市园林树木或者临时占用城市园林绿地的,可以先行处理,5日内补办审批手续。但是,应当及时告知城市园林绿化养护管理责任人,以证实措施适当,并便于共同善后或者采取补救措施。及时告知,一般指在险情发生需要立即处理时即通过电话、邮件、微信等方式通知;特别紧急的,应当在处置后补办审批手续前告知。

根据本条规定,修剪城市树木、移植城市园林公共绿地以外城市树木

(不含古树名木及古树后备资源),不需审批。修剪城市树木,属于园林绿化管护工作,按照本条例第二十九条规定,应当按照国家和本市相关技术规范进行。移植城市园林公共绿地以外城市树木,不得对绿地资源造成损害,如不按规范移植导致树木死亡或失去使用价值,以及因移植树木降低绿化品质,减少绿化面积等。不规范地修剪、移植城市树木,移植城市园林公共绿地以外城市树木造成绿地资源损害的,则可能属于损毁园林植物等违法行为。

按照“放管服”要求,放开了一些园林绿化管理事权,因此城市园林绿化主管部门应当通过多种途径、改进方法,如利用智慧园林、发动群众监督、增大执法检查力度等,加强对移植、砍伐城市园林树木,占用和临时占用城市园林绿地的事中事后监管。

第三十二条 办理移植城市园林公共绿地内树木,砍伐城市园林树木,占用和临时占用城市园林绿地审批时,应当按照以下要求提供材料:

(一)工程建设项目应当提交规划自然资源部门的行政许可文件和图纸,以及现场示意图或者定位图。

(二)非工程建设项目应当提交项目主管部门的意见,以及现场示意图或者定位图。

【释义】

本条是对办理移植、砍伐城市公共绿地树木,占用和临时占用城市园林绿地审批事项时,需提供材料的相关规定。

《重庆市工程建设项目审批制度改革试点实施方案》(渝府发〔2018〕43号)规定,工程建设项目涉绿审批属于施工许可阶段办理事项,在此阶段工程建设项目已经过立项用地规划、工程建设许可,规划自然资源部门的行政许可文件和图纸可以清楚地说明工程的性质、建设内容、平面布局、建设范围等。由此,可以确定占用城市园林绿地移植砍伐城市园林树木的数量范围等。非工程建设项目,一般无立项用地规划、工程建设许可,故需要项目主管部门的意见,说明相关情况。

办理移植、砍伐城市园林树木,占用、临时占用城市园林绿地审批,都需要提供现场示意图或者定位图,一般为1:500的实测图,明确标示树木、绿地位置、范围等,以便现场踏勘核对。

第三十三条 移植城市园林公共绿地内树木,砍伐城市园林树木应当按照下列规定办理审批程序:

(一)主城区范围内,单株胸径五十厘米以上,行道树二十株以上,其他树木一百株以上的,报市城市园林绿化主管部门审批;

(二)其他报所在区县(自治县)城市园林绿化主管部门审批。

移植城市园林树木的,应当由养护管理责任单位按照相关技术规范进行。砍伐城市园林树木的,应当补植。

经批准移植或者砍伐城市园林公共绿地内树木,对公共绿地资源造成损害的,应当按照规定缴纳城市园林绿化补偿费。

【释义】

本条是关于移植城市园林公共绿地内树木，砍伐城市园林树木的相关规定。

一、关于审批权限划分

根据多年来工作实践，为加强对主城区大树、行道树和较大量树木移植砍伐的管理，本条规定主城区范围内单株胸径五十厘米以上，行道树二十株以上，其他树木一百株以上的，满足三者任意条件之一的，由市城市园林绿化主管部门审批，赋予了较高的管理层级。其他由所在区县(自治县)城市园林绿化主管部门审批。

二、关于城市园林树木移植的实施

树木移植责任单位为养护管理责任单位，要按照相关技术规范进行。如不按照相关技术规范进行，造成树木死亡或失去使用价值，则属于损毁园林树木。

三、关于补偿办法

为保护园林绿化建设成果，尽可能地维持园林绿化总量不减少，本条规定了移植、砍伐城市园林树木的补救措施。一是砍伐城市园林树木应当补植，责任单位可以是申请单位，也可以是管护责任单位。二是移植、砍伐城市园林公共绿地内树木，对公共绿地资源造成损害的，缴纳城市园林绿化补偿费。一般情况下，管护责任单位正常管护、更新改造，以及清除死亡、带有检疫性有害生物树木等，对公共绿地资源无损害。其他移植、砍伐城市园林公共绿地内树木无法就地原规格等数量补植的，减少了该公共绿地树木量，则对公共绿地资源造成了损害，应当按照规定缴纳城

市园林绿化补偿费。城市园林公共绿地外树木，经批准不缴纳城市园林绿化补偿费，涉及赔偿的，本条未作规定，由当事人协商。

第三十四条 主城区范围内，临时占用城市园林公共绿地四百平方米以上的，报市城市园林绿化主管部门审批；其他由所在区县（自治县）城市园林绿化主管部门审批。

临时占用城市园林绿地不得超过两年，因特殊需要超过两年的，应当依法申请延期。

临时占用城市园林绿地的，到期应当归还，并恢复绿地。

临时占用城市园林公共绿地的，应当按照规定缴纳城市园林绿化补偿费。

【释义】

本条是关于临时占用城市园林绿地的规定。

一、关于审批权限

为加强对主城区城市园林公共绿地管理，规定主城区范围内，临时占用城市园林公共绿地四百平方米以上的，由市城市园林绿化主管部门审批；其他由所在区县（自治县）城市园林绿化主管部门审批，主城区包括四百平方米以下城市园林公共绿地及所有其他绿地的临时占用，主城区外区县（自治县）包括所有城市绿地的临时占用。

二、关于临时占用期限

一般不得超过两年，特殊需要可以申请延期，延期仍然不得超过两年。

三、关于恢复绿地

占用单位到期应当归还,并恢复绿地。恢复绿地责任单位为占用单位,一般按照不低于原状的标准恢复绿地;难以按照原状标准恢复绿地的,可按照城市园林绿地通用建设标准恢复。

四、关于补偿

临时占用城市园林公共绿地的,应当缴纳城市园林绿化补偿费。该补偿费不包含绿地上树木迁移补偿费用;特殊的,临时占用城市园林公共绿地可能不涉及树木迁移,如城市公园全域均为公园绿地,但其中铺装场地的临时占用,就不涉及树木迁移。临时占用其他城市园林绿地的,涉及赔偿本条未作规定,由当事人协商。

第三十五条 主城区范围内,占用城市园林绿地两百平方米以上的,由市城市园林绿化主管部门审查,报市人民政府审批;占用城市园林绿地不满两百平方米的,由所在区城市园林绿化主管部门审查,报市城市园林绿化主管部门审批。其他区县(自治县)由所在地城市园林绿化主管部门审查,报本级人民政府审批。

占用城市园林公共绿地的,由规划自然资源部门按照不少于所占面积的原则就近规划补偿绿化用地,城市园林绿化主管部门负责补建,建设单位按照规定缴纳城市园林绿化补偿费,并对其所占用的城市园林绿地附属设施、苗木给予经济赔偿。

【释义】

本条是关于占用城市园林绿地的规定。

一、关于审批权限

为加强对城市绿地的保护，对占用绿地的审批权限层级规定较高。主城区范围内，占用城市园林绿地两百平方米以上的，要报市人民政府审批；占用城市园林绿地不满两百平方米的，由市城市园林绿化主管部门审批，区无审批权。其他区县（自治县）占用绿地，要报区县（自治县）人民政府审批。

二、关于补救措施

城市园林公共绿地是城市园林绿地的核心和关键，为保证城市园林公共绿地不减少，本条规定了三项措施：规划自然资源部门负责按照不少于所占面积的原则就近规划补偿绿化用地，城市园林绿化主管部门负责补建，建设单位按照规定缴纳城市园林绿化补偿费，并对其所占用的城市园林绿地附属设施、苗木给予经济赔偿。对占用其他城市园林绿地的，涉及赔偿本条未作规定，由当事人协商。

第三十六条 城市园林绿化补偿费应当专项用于城市园林绿化建设，其收费标准及管理办法由市人民政府制定。

因城市公共基础设施建设、国家重点建设项目需要，市以上人民政府另有规定的，从其规定。

【释义】

本条是关于城市园林绿化补偿费的规定。

城市园林绿化补偿费应当专项用于城市园林绿化建设。根据《重庆市城市园林绿化条例》第三十三条、第三十四条、第三十五条规定，移植、砍伐城市园林公共绿地内树木，临时占用、占用城市园林公共绿地收取城市园林绿化补偿费，是对公共绿地资源造成损失进行补偿。因此，为保护公共绿地资源，这些补偿费用也应当用于城市园林绿化建设，如补偿绿地的建设等，不得挪作他用。

因为城市园林绿化补偿费收取，涉及公共利益及行政相对人合法利益，影响较大，故有关收费标准及管理办法由市人民政府制定。城市公共基础设施建设、国家重点建设项目建设也涉及重大公共利益，因此规定其建设如涉及城市园林绿化补偿，市以上人民政府如另有规定，要从其规定。

第三十七条　城市园林绿化主管部门应当对古树名木进行调查、鉴定、定级、登记、编号，建立档案，设立标志。

一级古树名木由市人民政府确认，报国务院住房建设部门备案；二级古树名木由市城市园林绿化主管部门确认，报市人民政府备案。

城市园林绿化主管部门应当对古树名木按照实际情况制定养护、管理方案，落实养护责任单位、责任人，并进行检查指导。

区县（自治县）城市园林绿化主管部门应当对古树后备资源进行普查、建档、挂牌并确定养护责任单位、责任人。

任何单位和个人不得毁损、砍伐和擅自移植古树名木以及古树后备资源。

因重点项目建设移植古树名木的，由建设项目业主申请，经区县(自治县)城市园林绿化主管部门审核，市城市园林绿化主管部门审查，报市人民政府批准。因重点项目建设移植古树后备资源的，由建设项目业主申请，主城区范围内经区城市园林绿化主管部门审查，报市城市园林主管部门批准；其他区县(自治县)经所在地城市园林绿化主管部门审查，报本级人民政府批准。移植所需费用，由移植单位承担。

【释义】

本条是关于城市古树名木保护的规定。

一、古树名木保护的主要政策依据

城市古树名木保护工作主要依据《建设部关于印发〈城市古树名木保护管理办法〉的通知》(建城〔2000〕192号)进行制定。

二、古树名木的定义

古树是指树龄在一百年以上的树木。名木是指国内外稀有的以及具有历史价值、纪念意义、重要科研价值的树木。

三、古树名木的分级

古树名木分为一级和二级。一级古树名木是指凡树龄在300年以上，或者特别珍贵稀有，具有重要历史价值和纪念意义，重要科研价值的古树名木。二级古树名木是指除一级古树名木之外的古树名木。

四、关于古树后备资源保护

根据《住房城乡建设部关于印发〈国家园林城市系列标准及申报评审管理办法〉的通知》关于生态园林城市创建中关于古树后备资源的定义和相关保护要求,本条引入了对古树后备资源的保护内容,古树后备资源是指树龄五十年以上不满一百年的树木。加强对古树后备资源的保护是重庆建设生态文明的一种体现,也是重庆地方立法的一个创新,为储备重庆古树资源提供了良好的法律保障。本条明确在普查、建档、挂牌、确定养护责任单位和责任人方面古树后备资源与古树名木具有同等的保护管理措施,在移植古树后备资源方面也参照古树名木审批流程进行了规定。

第三十八条　市、区县(自治县)人民政府应当加强历史名园保护工作,建立历史名园档案。市城市园林绿化主管部门应当对历史名园的园林绿化工作进行监督管理。

【释义】

本条是关于历史名园保护和管理的规定。

一、历史名园的定义

根据《城市绿地分类标准》(CJJ/T 85),历史名园是指体现一定历史时期代表性的造园艺术,需要特别保护的园林。

二、关于历史名园保护和管理

鉴于历史名园突出的历史文化价值，在一定历史时期内对城市变迁或文化艺术发展产生过较大影响，能体现我国传统造园技艺，特别是具有重庆特点的巴渝园林技艺，因此本条要求由市、区县(自治县)人民政府加强历史名园保护工作并建立历史名园档案，由市城市园林绿化主管部门对历史名园的园林绿化工作进行监督管理。历史名园具体的保护和管理办法另行制定。

三、历史名园档案

历史名园档案主要包括影像录音资料、历史风貌照片、历史文化与事迹描述、地图边界、勘察材料、设计图纸等等。

第三十九条 城市园林绿化主管部门应当加强地方园林特色传统技艺的保护和传承工作，鼓励创新和推广地方传统园林技艺。

【释义】

本条是关于园林传统技艺保护的规定。

为传承地方园林文化传统，发扬园林工匠精神，本条加强了对园林传统技艺的保护。近年来，由于园林特色传统技艺人才队伍大量流失，我市园林特色传统技艺也出现了青黄不接现象，因此应当加强对园林特色传统技艺的保护管理，鼓励开展对地方传统园林技艺的创新和推广。《重庆市非物质文化遗产条例》第三条规定，“市、区县（自治县）人民政府及其相关部门应当对非物质文化遗产采取认定、记录、建档等措施予以保存，对体现中华民族优秀传统文化，具有历史、文学、艺术、科学价值的非物质文化遗产采取传承、传播等措施予以保护”，因此，结合重庆地方传统园林技艺实际新增本条。

中国传统园林文化博大精深，巴渝传统园林文化也历史悠久，其中包含了较多传统园林技艺等非物质文化内容，应该得到传承和保护。重庆地方传统园林技艺主要有渝派盆景技艺、巴渝园林建筑技艺、掇山叠石技艺、造园技艺、插花艺术等，城市园林绿化主管部门应当在技艺比赛、宣传展出、学习培训、创新发展、政策支持等方面积极开展工作，推动重庆地方传统园林技艺传承。

第四十条　公共建筑和市政公用设施上建成的立体绿化，不得占用、拆除。但是，因公共建筑和市政公用设施建设需要的除外。

公共建筑和市政公用设施建设完成后，被占用、拆除的立体绿化应当予以恢复。

【释义】

本条是关于立体绿化保护的规定。

公共建筑和市政公用设施上建成的立体绿化是城市公共性质立体绿化的主要构成部分，立体绿化建设成本高、养护精、施工要求高，因此对于公共建筑和市政公用设施上建成的立体绿化，基本保护要求是不得占用、拆除。

因公共建筑和市政公用设施自身维护、改造、更新等原因确需占用或拆除立体绿化的，按照“谁占用或拆除，谁负责恢复”的原则，应在公共建筑和市政公用设施建设完成后根据实际条件予以恢复立体绿化。恢复后的立体绿化应保障，总量不减少，品质不降低。

第四十一条 禁止在公园绿地内设置户外商业广告。

在防护绿地、广场用地和道路附属绿地内设置户外广告的，应当符合户外广告设置规划。

【释义】

本条是关于城市园林绿地户外广告的相关规定。

《重庆市公园管理条例》第三十一条规定，在公园内禁止设置户外商业性广告。公园绿地是指在规划区内，向公众开放，以游憩为主要功能，兼具生态、景观、文教和应急避险等功能，有一定游憩和服务设施的绿地，包括综合公园、社区公园、专类公园、游园和城市生态公园。因此，公园绿地是城市中最具典型的公益性质的绿地，为体现公益性、公平性，保障人民群众权益，公园绿地中禁止户外商业广告行为。

防护绿地、广场用地和道路附属绿地内必要设置的户外广告应当符合我市相关广告设置规划相关内容的规定。户外广告的设置应避免对绿地植物生长造成较大的不良影响，也不能对人民群众生命安全造成威胁。

第四十二条 城市园林绿化主管部门应当建立城市园林绿化病虫害预测、预报体系,定期发布预测和防治信息;发生病虫害时,城市园林绿化主管部门应当指导城市园林绿地养护管理单位及时治理。

城市园林绿化禁止使用带有检疫性有害生物的植物及植物材料等,禁止使用剧毒药剂。

【释义】

本条是关于城市园林病虫害防控工作的规定。

一、高度重视园林病虫害预测预报工作

重庆市政府对园林病虫害预测预报高度重视,已将城市园林病虫害预测预报工作纳入重庆市市级公共服务事项清单[《重庆市人民政府关于印发〈重庆市市级公共服务事项目录清单〉的通知》(渝府发〔2018〕22号)];城市园林绿化主管部门目前已在主城区开展此项工作。

二、病虫害预测预报的主要内容

病虫害预测预报对及时开展病虫防控,保障园林绿化建设成果具有重要作用,是城市园林绿化主管部门的重要工作。病虫害预测预报是根据植物病虫害流行规律,结合病虫发生现状、气象条件等分析、预测未来一段时间内病虫危害和扩散趋势。建立园林病虫害预测、预报体系,包括建立病虫害监测点、数据收集及分析、预测预报信息发布及防效跟踪等内容,预测预报信息应包括病虫害种类名称、危害特征、防控方法等。

三、病虫害预测预报的责任主体和信息发布

市城市园林绿化主管部门负责开展主城区园林病虫害预测预报工作，应建立主城区园林病虫害预测预报体系，定期发布园林病虫害预测预报信息；各区县（自治县）园林绿化管理部门应结合本辖区实际，应开展病虫害预测预报工作，建立园林病虫害预测预报体系。预测预报信息应及时通过城市园林绿化主管部门等公众信息网发布。

四、病虫害预测预报的指导

城市园林绿化主管部门应该定期指导基层养护单位开展病虫害防控工作，应结合病虫害预测预报，发布季节性病虫害防控通知，及时指导一线管养单位开展病虫害防控，避免病虫害的爆发。同时，做好病虫害防控质量监督工作。

五、关于检疫性有害生物

按照《植物检疫条例》规定，检疫性有害生物指对某一地区具有潜在经济重要性，但尚未在该地区发生或虽已发生但分布不广并进行官方控制的有害生物，具有破坏生态环境、威胁人类健康、危害经济发展等多种影响，严重威胁城市绿化建设。园林绿化使用的植物及植物材料应具备检疫证书，来自疫区的植物必要时提请当地植物检疫机构进行复检。

六、关于剧毒农药

根据《中华人民共和国农业部公告　第2569号》规定，“剧毒农药”是指药剂吸入半数致死量小于20mg/m^3，经口半数致死量小于5mg/kg的品种。

第四十三条　城市园林绿化主管部门应当按照有关规定,根据职责加强对城市园林绿地的土壤监测。

【释义】

本条是关于对城市园林绿地土壤监测的规定。

一、制定依据

本条的制定依据主要来源于国务院及住房城乡建设部的有关文件,同时参照了重庆市相关文件要求,具体如下:

(一)国务院《土壤污染防治行动计划》明确要求将建设用地土壤环境管理要求纳入城市规划,建设土壤环境质量监测网络;国务院《"十三五"生态环境保护规划》中明确在土壤环境质量方面提倡精细化管理,推进基础调查和监测网络建设。

(二)《住房城乡建设部印发〈园林绿化工程建设管理规定〉的通知》(建城〔2017〕251号),要求城镇园林绿化主管部门应当加强对园林绿化工程质量监督管理,绿化种植土质量是重点监管内容之一。

(三)《重庆市贯彻落实土壤防治行动计划工作方案的通知》《重庆市生态文明建设"十三五"规划》等一系列方案,要求全面开展土壤污染状况详查,建设土壤环境质量监测网络。

(四)《重庆市政府关于加快推进主城区园林绿化近期重点工作的通知》《重庆市城管委关于印发〈重庆市主城区园林绿化品质提升专项工作实施方案〉的通知》要求,推进大城智管、大城细管,进一步提升城市园林绿化品质。绿地土壤质量作为绿化品质提升的关键因素，是城市园林绿化主管部门管理的重点。

（五）重庆市政府对城市园林绿地的土壤监测高度重视，已将此项工作纳入重庆市市级公共服务事项清单，[《重庆市人民政府关于印发〈重庆市市级公共服务事项目录清单〉的通知》（渝府发〔2018〕22号）]。

二、土壤监测工作的责任主体

重庆市城市园林绿化主管部门负责开展主城区城市园林绿地土壤质量监测工作；各区县（自治县）园林绿化管理部门应结合本辖区实际，开展城市园林绿地土壤质量监测工作。

三、土壤监测的重要性

城市园林绿地土壤是城市绿地的基础和载体，绿地土壤质量关系到园林植物长势的好坏，影响绿地景观效果和城市生态质量。

重庆绿地土壤普遍存在有机质和养分含量低、质地黏重、通气性差等缺陷，加上一些不符合种植要求的深层土、垃圾土、污染土壤等被用于绿化，导致重庆城市绿地土壤退化严重。绿地中许多植物出现矮化、黄化、无花、无果、落叶、早衰甚至死亡等现象，其中土壤质量低下是主要因子。目前，重庆现有绿地土壤质量管理大多基于传统经验，缺少动态、科学监测数据作为支撑，不利于大面积开展城市园林绿地土壤监测工作。

通过开展城市园林绿地土壤监测，进行综合分析评价，因地制宜进行土壤监管，实施科学的土壤改良，可大幅度提升园林绿地土壤质量，为“大城智管、大城细管”园林绿化养护提供技术支撑。

四、土壤监测的重点

土壤监测的重点有两大方面：一是影响植物生长的土壤质量现状监测，二是影响城市环境和群众健康的土壤污染事故监测。

第四十四条　城市园林绿化养护管理责任单位和树权单位，应当定期对树木进行修枝整形，维护冠容。树枝危及架空管线安全，遮挡交通信号等妨碍交通或者影响道路照明的，应当及时修剪。

修剪树木应当按照相关标准和技术规范进行。

【释义】

本条是关于城市园林树木修枝整形的规定。

一、城市园林树木修剪基本要求

城市园林绿化养护管理责任单位和树权单位，一要对树木定期修枝整形、维护冠容，以保持良好的园林景观；二要根据管线安全、道路照明、交通信号管理需要，及时修剪树木；三要按照相关标准和技术规范修剪树木，这是规范管护的基本要求。

二、城市园林树木因保证管线安全等修剪的费用承担

本条未规定因管线安全、道路照明、交通信号管理需要修剪树木费用承担方式，但根据国务院《城市绿化条例》第二十三条规定：“为保证管线的安全使用需要修剪树木时，按照兼顾管线安全使用和树木正常生长的

原则进行修剪。承担费用的办法，由城市人民政府规定。”

第四十五条 在城市园林绿地内，禁止下列行为：

（一）破坏城市园林绿地地形、地貌和水体；

（二）偷盗、践踏、损毁园林植物和设施，破坏园林建筑；

（三）摆摊设点、停放车辆、堆放杂物、种植农作物；

（四）在城市园林树木或者绿化设施上悬挂招牌及其他物品；

（五）在公园绿地及广场用地内放养动物；

（六）其他破坏城市园林绿化、设施及管理秩序的行为。

【释义】

本条是关于保护城市园林绿地的一般禁止性规定。

本条从保护园林植物及设施、维护园林景观、维持管理游览秩序等方面，罗列了常见破坏行为，做出了禁止性规定。其中，破坏城市园林绿地地形、地貌和水体，指擅自通过开挖、堆砌、回填等方式改变绿地现状地形地貌、水体岸线等；损毁园林植物，指剥皮断根、采摘花叶、攀折枝条、刻画枝干等行为，损毁设施、破坏园林建筑，指撬取部件、刻画、污损等行为。

本条以罗列和兜底规定的形式，对所有破坏城市园林绿化、设施及管理秩序的行为进行了禁止性规定，故有关行为无法明确归入（一）（二）（三）（四）（五）项的，则可以按照（六）项进行处理。

本条虽然以罗列的形式，列举有关破坏城市园林绿化、设施及管理秩序的行为，但并非该类行为后果就一定较为轻微，相反其情节、后果有可能较为严重，甚至构成犯罪，涉及违反《中华人民共和国刑法》《中华人民共和国治安处罚法》等规定的行为由公安机关按照相应法律法规处罚。

第四十六条 城市园林绿化工程的设计、施工、监理和养护应当符合国家和本市有关标准和规范，相关从业单位应当具有相应的管理技术人员、资金、设备等条件。法律、法规有资质要求的，应当由具有相应资质的单位承担。

市城市园林绿化主管部门应当建立城市园林绿化企业的诚信评价体系，将城市园林绿化企业诚信评价体系统一纳入全市社会信用体系建设，及时公布相关信息，将企业守信情况作为行业监督管理的依据。

【释义】

本条是关于城市园林绿化企业资格要求及诚信管理的规定。

一、城市园林绿化工程的有关标准、规范

城市园林绿化工程的设计、施工、监理和养护应当符合的国家和本市有关标准、规范举例如下：

（一）与城市园林绿化工程设计有关标准和规范主要有《城市绿地设计规范》（GB 50420）、《城市居住区规划设计标准》（GB 50180）、《公园设计规范》（GB 51192）、《动物园设计规范》（CJJ 267）、《城市道路绿化规划与设

计规范》(CJJ 75)、住房城乡建设部《绿道规划设计导则》、住房城乡建设部《城市绿地防灾避险设计导则》、《重庆市城市规划管理技术规定(2018版)》、重庆市地方标准《风景园林工程设计文件编制深度规范》(DB50/T 911)、重庆市地方标准《海绵城市绿地设计技术标准》(DBJ 50/T-293)等。

(二)与城市园林绿化工程施工有关标准和规范主要有《园林绿化工程施工及验收规范》(CJJ 82)、《垂直绿化工程技术规程》(CJJ/T 236)、重庆市地方标准《民用建筑立体绿化应用技术标准》(DBJ50/T-313)等。

(三)与城市园林绿化工程监理有关标准和规范主要有《园林绿化工程施工及验收规范》(CJJ 82)等。

(四)与城市园林绿化工程养护有关标准和规范主要有《城市古树名木养护和复壮工程技术规范》(GB/T 51168)、《城市园林绿化评价标准》(GB/T 50563)、《园林绿化养护标准》(CJJ/T 287)等。

二、关于城市园林绿化工程从业资格条件

城市园林绿化工程相关企业单位从业资格条件和相关事项说明如下:

城市园林绿化工程相关从业单位应当具有相应的管理技术人员、资金、设备等条件是指从业单位应当满足《工程勘察资质标准》《工程设计资质标准》《工程监理企业资质标准》关于企业资质条件和承担业务范围的规定。

园林绿化工程的施工企业应具备与从事工程建设活动相匹配的专业技术管理人员、技术工人、资金、设备等条件,并遵守工程建设相关法律法规。但各级住房城乡建设(园林绿化)主管部门、招标人不得将具备住房

城乡建设部门核发的原城市园林绿化企业资质或市政公用工程施工总承包资质等作为投标人资格条件。

三、关于城市园林绿化企业的诚信评价体系建设

根据《园林绿化工程建设管理规定》(建城〔2017〕251号),为促进我市园林大数据建设和响应“大城智管、大城细管、大城众管”要求,适应市场主体监管方式发生变化,《条例》采用了社会信用体系建设,代替过去的资质管理,并且强调要加强事中事后监管。《重庆市人民政府办公厅关于加快推进社会信用体系建设构建以信用为基础的新型监管机制的实施意见》(渝府办发〔2019〕118号)要求加强组织领导,细化责任分工,有力有序有效推动构建以信用为基础的新型监管机制,并明确由市发展改革委牵头,各区县(自治县)政府、市级有关部门按职责分别负责。重庆市城市园林绿化企业的诚信评价体系是全市社会信用体系建设的一项重要组成部分,由重庆市城市园林绿化主管部门主导制定。市城市园林绿化主管部门应加强本市行政区域内园林绿化工程建设的事中事后监管,建立工程质量安全和诚信行为动态监管体制,负责园林绿化市场信用信息的归集、认定、公开、评价和使用等相关工作。

(一)评价对象

重庆市城市园林绿化企业的诚信评价体系的评价对象是在重庆市城市园林绿化工程勘察、设计、监理、施工、养护中具备相应条件的本地企业以及在本市承揽城市园林绿化工程的外地企业。

(二)评价内容与应用

重庆市城市园林绿化企业的诚信评价体系围绕企业在工程招标投

标、安全文明施工、工程质量管理、市场诚信行为等环节遵守相关法律法规、规范标准、市场秩序等情况做出综合诚信评价。评价结果将应用于招投标活动和行业监督管理中。园林绿化市场信用信息系统中的市场主体信用记录应作为投标人资格审查和评标的重要参考,从而有助于形成优胜劣汰的市场竞争格局,促进重庆城市园林绿化市场健康发展和园林绿化工程建设维护水平的不断提高。

第四十七条 市、区县(自治县)城市园林绿化主管部门应当建立城市园林绿化管理信息系统,加强城市园林绿化资源调查、统计和监控,建立园林绿化档案并及时更新,实行信息资源共享。

城市园林绿化主管部门应当畅通投诉举报渠道,向社会公布投诉举报的方式、处理流程和时限,并及时将处理结果告知投诉举报人。

【释义】

本条是关于城市园林绿化信息化管理的规定。

一、建立城市园林绿化管理信息系统的意义

城市园林绿化管理信息系统的应用是现代信息技术手段应用到城市建设中的直接体现,也是智慧城市建设、园林绿化大数据管理的基本要求。随着城市园林绿化规模的不断扩大,如何准确掌握城市园林绿化现

状信息，如何为城市园林绿地规划和监管提供科学的数据支撑，如何使城市园林绿化与城市当前发展形成高度的契合，都是重庆现代化园林建设需要考虑的关键内容。

我市城市园林绿地面积和数量不断增加，绿地功能不断丰富，因此城市园林绿地的数据信息也越来越复杂。传统的城市园林管理系统多以人工统计和档案整理为主。一方面不能适应大量的动态变化导致各种数据资料不能得到及时更新，另一方面收集信息效率低，数据分析相对不够准确和全面，一定程度上导致了园林决策的失误，不利于现代化园林绿化的建设。信息技术支持下的城市园林管理系统能够及时收集各个城市、各个绿地信息数据，通过对数据的大量动态采集、分析、整理，为园林绿化提供科学合理的数据支持，从而做出更加精准的城市园林绿化规划、建设、管理和保护决策，因此建立城市园林绿化管理信息系统十分必要。

二、城市园林绿化管理信息系统的建设主体

市城市园林绿化主管部门和各区县（自治县）城市园林绿化主管部门均要建立城市园林绿化管理信息系统，各区县（自治县）城市园林绿化管理信息系统统一整合纳入全市城市园林绿化管理信息系统中进行统一管理，并实行信息资源共享。

三、城市园林绿化信息化系统的主要监督管理内容

城市园林绿化信息化系统基于地理信息系统、互联网、物联网、云计算等技术，集成基础地理空间数据和园林绿化规划数据、监管网络数据、现状数据、业务管理数据、事件数据等多种数据资源，实现对城市园林绿化规划、建设、管护等监督管理，具体按照住房城乡建设部《城市园林绿化

监督管理信息系统工程技术标准》实施。城市园林绿化信息化监督管理内容应包括以下几大方面：

（一）城市绿地规划实施监督管理；

（二）城市绿线监督管理；

（三）城市园林绿化建设监督管理；

（四）城市园林绿化管护监督管理；

（五）城市古树名木及后备资源监督管理；

（六）城市园林绿化配套建筑和设施使用监督管理。

第四章　法律责任

第四十八条　本条例规定的城市园林绿化违法行为由城市园林绿化主管部门负责查处。

【释义】

本条是关于城市园林绿化违法行为执法责任主体的规定。

本条规定城市园林绿化违法行为由城市园林绿化主管部门负责查处，未具体划分市、区县（自治县）城市园林绿化主管部门权限，是考虑到城市园林绿化违法行为查处的复杂性和专业性，对管辖留有一定弹性，以便根据实际情况具体确定管辖。根据《重庆市人民政府办公厅关于印发重庆市城市管理委员会（重庆市城市管理综合行政执法局）主要职责内设机构和人员编制规定的通知》（渝府府办发〔2017〕134号），市城市园林绿化主管部门负责跨区域大案要案、复杂案件以及直管范围内的相关违法行为的查处，主城各区负责本区域内除市直管范围外的相关违法行为的查处，其他区县（自治县）城市园林绿化主管部门实行属地管理，负责本行政区域内有关违法行为的查处。市城市园林绿化主管部门负责查处的具体范围，应当参考相关文件规定。

第四十九条 国家机关及其工作人员有下列行为之一的，由其所在单位上级主管机关或者监察机关对直接负责的主管人员和其他直接责任人员依法给予处分；构成犯罪的，依法追究刑事责任：

（一）擅自改变城市园林绿地性质、城市绿线及永久保护绿地的；

（二）擅自同意移植城市园林公共绿地内树木，砍伐城市园林树木，占用和临时占用城市园林绿地的；

（三）违反规定降低绿地率指标要求的；

（四）出租、出让、抵押公园绿地、防护绿地、广场用地和道路附属绿地的；

（五）其他滥用职权、玩忽职守、徇私舞弊的行为。

【释义】

本条是关于负责城市园林绿化管理的国家机关（包括事业组织）及其工作人员有关违法行为行政责任的规定。

本条规定追究行政责任的情形主要包括行政机关及其工作人员超越职权、滥用职权、违反规定程序等给予有关城市园林绿化行政许可的行为，和城市园林公共绿地管理单位擅自同意移植砍伐城市园林公共绿地内树木、占用和临时占用城市园林公共绿地以及出租、出让、抵押城市园林公共绿地的行为。

本条所称处分，按照《中华人民共和国公务员法》第56条规定，有“警告、记过、记大过、降级、撤职、开除”六种。同时根据《重庆市执法责任制条例》第十七条规定“行政执法人员在行政执法活动中越权、失职、滥用职权、徇私舞弊等,依照有关法律、法规和政纪给予行政处分和相应的经济处罚”,行政执法(包括行政许可、行政处罚等)人员违法执法,还可能承担经济责任。

第五十条 单位和个人有下列行为之一的,按照以下规定给予处罚:

(一)违反本条例第十五条规定,建设项目绿地率未达到规定指标要求的,责令限期整改。按期达到整改要求的,处以五万元以下罚款;逾期未达到整改要求的,按照差额面积土地使用权出让价三倍以上五倍以下处以罚款,属于划拨土地的,参考同类土地使用权出让价。

(二)违反本条例第二十二条第一款规定,未对城市建成区适宜绿化的闲置土地和储备土地进行简易绿化的,责令限期改正。逾期未达到整改要求的,按照未简易绿化面积每平方米十元以上五十元以下处以罚款。

(三)违反本条例第三十一条规定的,责令限期改正,赔偿损失,没收违法所得,处以五万元以上十万元以下罚款。

【释义】

本条是关于违反绿地率要求、闲置土地和储备土地简易绿化要求以及城市园林公共绿地管理禁止行为的处罚规定。

一、关于建设项目绿地率未达到规定指标要求的处理

建设项目绿地率未达到规定指标要求，是指建设项目竣工后未达到规划设计条件规定的绿地率指标要求。城市园林绿化主管部门查实建设项目绿地率指标不合格后，应当责令建设单位限期整改，并根据整改情况作出不同处理：一是在限期内按照城市园林绿化主管部门要求，完成整改，绿地率指标合格，则处以五万元以下罚款；二是在限期内不整改或整改后建设项目绿地率指标仍然达不到规定指标要求，则按照差额面积土地使用权出让价三倍以上五倍以下处以罚款，若属于划拨土地的则参考同类土地使用权出让价。

“差额面积”是指规定的附属绿地面积与实际完成的附属绿地面积的差值。“土地使用权出让价”是指建设单位取得该宗土地使用权的地面价，即每平方米土地的单价，以出让金总额除以土地总面积计算。“同类土地使用权出让价”是指取得划拨土地时期相近的同用途、同等级国有土地使用权出让价，可参考同用途、同等级国有土地使用权基准地价；基准地价表现为楼面单价的，根据容积率折算为地面单价。

二、关于闲置土地和储备土地未进行简易绿化的处理

闲置土地和储备土地管理责任单位未按要求进行简易绿化，责令限期改正。达到要求，则无罚款等处罚；未达到要求，则按应绿化面积处以相应罚款，该罚款额度基本能完成简易绿化。因此，对未按规定进行简易绿化的处理关键，是促成闲置土地和储备土地的简易绿化，减少裸露土地，减少扬尘污染，美化环境。

三、关于违反城市园林公共绿地管理禁止行为的处理

违反城市园林公共绿地管理禁止行为，还可能因此违法行为而取得收益等。对此，本条规定，要限期改正违法行为，如收回城市园林公共绿地、拆除无关设施等，对造成损失的要赔偿损失，有违法收益的要没收违法所得，并处以罚款。

违反城市园林公共绿地管理如涉及公务人员，还可以沿用本《条例》第四十九条处理。

第五十一条　违反本条例第三十一条、第三十三条、第三十四条、第三十五条规定的，按照以下规定给予处罚：

（一）违法移植、砍伐城市园林树木的，责令赔偿损失，并按照补偿费的三倍至十倍处以罚款；

（二）违法占用城市园林绿地的，责令限期改正，赔偿损失。按期达到整改要求的，按照补偿费的三倍至五倍处以罚款。逾期未达到整改要求的，占用城市园林公共绿地的，由区县（自治县）人民政府依法组织强制拆除绿地内的违法建（构）筑物，并按照补偿费的五倍至十倍处以罚款；占用城市园林绿地属于其他绿地的，按照差额面积该土地使用权出让价三倍以上五倍以下处以罚款，属于划拨土地的，参考同类土地使用权出让价。

【释义】

本条是关于违法移植砍伐城市园林树木、占用城市园林绿地的处罚规定。

本条所称“违法移植、砍伐城市园林树木”是指未经批准或虽经批准但不按照批准内容进行的擅自移植、砍伐城市园林树木的行为；所称“违法占用城市园林绿地”是指未经批准或虽经批准但不按照批准内容占用城市园林绿地的行为。不按照批准内容占用城市园林绿地指超期或超范围占用城市园林绿地。

本条所称“补偿费”即城市园林绿化补偿费，按照《重庆市城市绿地园林绿化补偿费管理办法》规定计算。其中违法占用城市园林绿地的补偿费，根据违法占用时间及面积计算，其中“占用时间”指违法占用绿地开始至完成整改、恢复绿地止的时间。

本条所称“同类土地使用权出让价”同第五十条规定。

本条第一款第（二）项中所称“其他绿地”是指除公园绿地、防护绿地、广场用地、道路附属绿地之外的城市绿地，主要是除城市道路外的其他建设项目附属绿地。

本条规定对违法占用城市园林绿地的处理，首先应当责令限期改正并赔偿损失，然后按是否完成整改分情形处理。一是限期整改达到城市园林绿化主管部门要求的，按照补偿费的三倍至五倍处以罚款。二是限期整改未达到城市园林绿化主管部门要求的，又分两类：如果属于占用城市公共园林绿地的，由区县（自治县）人民政府依法组织强制拆除绿地内的违法建（构）筑物，并按照补偿费的五倍至十倍处以罚款；如果属于其他绿地的，按照差额面积该土地使用权出让价三倍以上五倍以下处以罚款，属于划拨土地的，参考同类土地使用权出让价。

占用绿地属于城市公共园林绿地且拒不整改的，为保证城市园林公共绿地的公益性，应当强制拆除绿地内的违法建(构)筑物，同时为弥补公共利益损失，罚款额度较高，按照补偿费的五倍至十倍处以罚款。占用绿地属于其他绿地的，一般情况下应当责令整改恢复绿地，但因为特殊原因，如权属单位或业主占用，涉及安全等，难以强制拆除恢复绿地，则类同建设项目绿地指标不达标的处罚幅度处理。同时应当注意，根据《行政处罚法》规定，对违法行为进行行政处罚，并不影响该违法行为对他人造成损害的民事责任承担。

第五十二条　违反本条例第三十七条规定，擅自移植古树名木和古树后备资源的，责令赔偿损失，并按照补偿费的三倍至五倍处以罚款；毁损、砍伐古树名木和古树后备资源的，责令赔偿损失，并按照补偿费的五倍至十倍处以罚款。情节严重构成犯罪的，依法追究刑事责任。

【释义】

本条是关于损害古树名木及后古树后备资源的处罚规定。

本条规定的赔偿损失，是指违法行为造成古树名木和古树后备资源价值降低、灭失等对其所有人的价值补偿。毁损古树名木和古树后备资源，指造成古树名木和古树后备资源树体损伤，如枝丫缺失、劈裂等，需要经过一定时期管护处理才可恢复的行为。

本条所称“补偿费”即城市园林绿化补偿费，按照《重庆市城市绿地园林绿化补偿费管理办法》计算,必要时需要经过专业机构评估。

第五十三条 违反本条例第四十条规定,占用、拆除公共建筑和市政公用设施上建成的立体绿化或者未恢复原有立体绿化的,责令限期改正。逾期未改正的,按照占用或者拆除立体绿化面积每平方米五百元以上二千元以下处以罚款。

【释义】

本条是关于违反公共建筑和市政公用设施上建成的立体绿化保护管理的处罚规定。

对占用、拆除公共建筑和市政公用设施上建成的立体绿化,强调要恢复,如按规定整改,则无处罚。对非公共建筑和市政公用设施上建成的立体绿化的占用、拆除,无强制恢复要求,也不作为违法行为。

第五十四条 违反本条例第四十一条规定,在公园绿地内设置户外商业广告,在防护绿地、广场用地和道路附属绿地内设置户外广告不符合户外广告设置规划的,责令限期改正或者拆除,处五千元以上五万元以下罚款;逾期未改正或者拆除的,依法强制拆除。

【释义】

本条是关于违反园林绿地广告设置要求的处罚规定。

对公园绿地规定不得设置户外商业广告(不含公益广告),其他城市园林公共绿地应当按照规划设置广告(包括公园绿地设置公益广告),否则应当责令限期改正或者拆除,并罚款;逾期未改,应当强制拆除,未规定罚款,因为一般情况下,拆除广告设施的处理费用可以弥补拆除费用。

第五十五条 违反本条例第四十二条规定,发生病虫害时,有关单位不按规定治理的,责令整改,并处二千元以上一万元以下罚款。

【释义】

本条是关于违反城市园林绿地病虫害防治要求的处罚规定。

具有扩散性的城市园林绿地病虫害应当加强联防联控、统防统治,发生病虫害时,有关单位应按规定治理,否则会蔓延危害其他城市园林绿地,造成公共利益损失。因此对违反城市园林绿地病虫害防治要求的应当给予处罚。

第五十六条 违反本条例第四十五条规定，责令整改、恢复原状或者消除影响；情节轻微的，处以警告或者五百元以下罚款；情节较重的，处以五百元以上五千元以下罚款；情节严重的，处以五千元以上二万元以下罚款；造成损失的，责令赔偿损失。构成犯罪的，依法追究刑事责任。

【释义】

本条是关于违反城市园林绿地禁止行为的处罚规定。

本条例第四十五条从保护园林植物及设施、维护园林景观、维持管理游览秩序等方面，对所有破坏城市园林绿化、设施及管理秩序的行为进行了禁止性规定。这些行为情节和后果轻重不同，因此本条规定的处罚方式多、幅度变化大，需要要在行政处罚裁量基准规定中进行细化。

第五章　附　则

第五十七条　本条例中下列用语的含义：

（一）公园绿地，是指在规划区内，向公众开放，以游憩为主要功能，兼具生态、景观、文教和应急避险等功能，有一定游憩和服务设施的绿地，包括综合公园、社区公园、专类公园、游园和城市生态公园。

（二）防护绿地，是指用地独立，具有卫生、隔离或者安全防护功能，游人不宜进入的绿地。包括卫生隔离防护绿地、道路及铁路防护绿地、高压走廊防护绿地、公用设施防护绿地和防风林等。

（三）广场用地，是指以游憩、纪念、集会和避险等功能为主的城市公共活动场地。

（四）附属绿地，是指附属于各类城市建设用地（除绿地与广场用地）的绿化用地，包括居住用地、公共管理与公共服务设施用地、商业服务业设施用地、工业用地、物流仓储用地、道路交通设施用地、公用设施用地等用地中的绿地。

（五）生产绿地，是指为城乡绿化美化生产、培育、引种试验各类苗木、花草、种子的苗圃、花圃、草圃等圃地。

（六）城市园林公共绿地，是指向公众开放的各类公益性公园绿地、防护绿地、广场用地、道路附属绿地。

（七）绿地率，是指一定城市用地范围内，各类绿化用地总面积占该城市用地面积的百分比。

（八）城市生态公园，是指用地性质为非建设用地，但紧邻城市建设用地或者被建设用地包围，具备山体、水系、林地、草地、湿地等自然景观资源，且具有保障城市生态安全功能和一定的城市公园服务设施，能够满足市民游览观光、休闲运动需求的绿地。

（九）永久保护绿地，是指以自然植被和人工植被为主要存在形态，符合城乡规划，生态功能、服务功能突出，具有长期保护价值的绿地。

（十）立体绿化，是指利用除地面资源以外的其他空间资源进行绿化的方式，包括屋顶绿化、垂直绿化等形式。

（十一）园林绿化工程，是指新建、改建、扩建公园绿地、防护绿地、广场用地、附属绿地、区域绿地，以及对城市生态和景观影响较大建设项目的配套绿化工程，包括园林绿化植物栽植、地形整理、园林设备安装及建筑面积三百平方米以下单层配套建筑、小品、花坛、园路、水系、驳岸、喷泉、假山、雕塑、绿地广场、园林景观桥梁等施工。

（十二）组团隔离带，是指为维护城市“多中心、组团式”空间布局形态，控制组团建设用地粘连发展，沿城市组团空间增长边界划定的以生态绿地为主、具有一定宽度的隔离绿带。

（十三）古树，是指树龄在一百年以上的树木。名木，是指国内外稀有的以及具有历史价值、纪念意义、重要科研价值的树木。

（十四）古树后备资源，是指树龄五十年以上不满一百年的树木。

（十五）园林创建活动，是指创建国家级、市级园林城市、生态园林城市、园林式街道、园林式小区、园林式工厂等活动。

【释义】

本条是关于本条例引用部分专业名词的解释。

一、相关用语的引用来源

本条例中相关用语定义主要来源依据为《城市用地分类与规划建设用地标准》(GB 50137)、《城市绿地分类标准》(CJJ/T 85)、《风景园林基本术语标准》(CJJ/T 91)以及住房城乡建设部《园林绿化工程建设管理规定》(建城〔2017〕251号)、住房城乡建设部《国家园林城市系列标准及申报评审管理办法》(建城〔2016〕235号)、《重庆市城乡规划绿地与隔离带规划导则》等。

二、关于广场用地的说明

本条例所称"广场用地"是指城市建设用地性质为"G3"的用地类型，区别于城市建设用地性质为"S"的道路与交通设施用地,如属于车站附属的站前广场等。

三、关于城市生态公园的说明

结合重庆市城市园林绿化管理需要,重庆创新了城市生态公园的绿地分类,并将其纳入公园绿地定义之中。由于城市生态公园特殊的非建设用地性质,在参与绿地率指标统计时不应当全部纳入城市生态公园面积,但在建设和管理上,城市生态公园按照公园绿地模式进行统一管理。

四、关于城市园林公共绿地的说明

由于当前我国绿地分类标准中取消了对"公共绿地"的定义,因此实际不存在"公共绿地"的分类。但考虑到方便对公益性绿地的区别管理，本条例引入了“城市园林公共绿地”的概念——指向公众开放的各类公益性公园绿地、防护绿地、广场用地、道路附属绿地，因此本条例所称“城市园林公共绿地”不是指的一类绿地，而是指公园绿地、防护绿地、广场用地、道路附属绿地四类绿地的统称——方便在本条例相关规划、建设、管理、保护方面的表述和与各类非公益性绿地的区分。

第五十八条 本条例自2020年3月1日起施行。

【释义】

本条是关于本条例施行时间的规定。

附　录

重庆市城市园林绿化条例

1997年10月17日，重庆市第一届人民代表大会常务委员会第四次会议通过根据2010年7月23日重庆市第三届人民代表大会常务委员会第十八次会议《关于修改部分地方性法规的决定》第一次修正。根据2014年9月25日，重庆市第四届人民代表大会常务委员会第十三次会议《关于修改〈重庆市城市园林绿化条例〉的决定》第二次修正。根据2018年7月26日，重庆市第五届人民代表大会常务委员会第四次会议《关于修改〈重庆市城市房地产开发经营管理条例〉等二十五件地方性法规的决定》第三次修正。2019年11月29日重庆市第五届人民代表大会常务委员会第十三次会议修订。根据2021年5月27日，重庆市第五届人民代表大会常务委员会第二十六次会议《关于修改〈重庆市土地房屋权属登记条例〉等四部地方性法规的决定》第四次修正。

第一章　总　则

第一条　为了促进城市园林绿化事业发展，加强生态环境保护，改善人居环境，增进人民身心健康，根据《中华人民共和国城乡规划法》《城市绿化条例》等有关法律、行政法规，结合本市实际，制定本条例。

第二条　本市城市规划区、镇规划区内的城市园林绿化规划、建设、保护和管理，适用本条例。

第三条　城市园林绿化应当坚持以人为本、生态优先、科学规划、因地制宜、建管并重的原则。

第四条　市、区县（自治县）人民政府应当加强对城市园林绿化工作的领导，把城市园林绿化纳入国民经济和社会发展规划，保障城市园林绿化的经费投入。

鼓励开展城市园林创建活动，推动城市园林绿化事业健康发展。

鼓励单位和个人以投资、捐资、认建、认养、认管等形式，参与城市园林绿化建设和管理。

第五条　市城市园林绿化主管部门负责全市城市园林绿化管理工作。

区县（自治县）城市园林绿化主管部门负责本行政区域内的城市园林绿化管理工作。

规划自然资源、住房城乡建设、交通、水利等有关部门，依据各自职责做好城市园林绿化相关管理工作。

镇人民政府、街道办事处依据职责做好本辖区内的城市园林绿化工作。

第六条　城市园林绿化主管部门应当开展并组织、指导城市园林绿化科学研究和成果转化，每年制定计划增加优质植物品种，推广先进技术和材料，加强生物多样性保护，提高城市园林绿化水平。

第七条　城市园林绿化主管部门应当研究制定产业政策，编制城市苗圃产业发展规划，组织指导园林绿化苗木生产。

第八条　任何单位和个人都有享受良好城市园林绿化环境的权利，有保护城市园林绿化及设施的义务，对破坏城市园林绿化及设施的行为，有权进行劝阻、投诉和举报。

第二章　规划与建设

第九条　城市绿化规划由市人民政府组织市城市园林绿化主管部门和市规划自然资源部门共同编制，并纳入国土空间规划。

城市绿化规划应当根据城市发展需要，合理安排同城市人口和城市面积相适应的城市绿化用地面积。人均公共绿地面积和绿化覆盖率等规划指标应当符合国家相关规定。

第十条　城市园林绿化主管部门应当依据批准的国土空间规划、城市绿化规划编制城市绿地系统规划。城市园林绿化主管部门应当将涉及规划用地及空间布局的内容交规划自然资源部门综合平衡。

主城区城市绿地系统规划由市城市园林绿化主管部门组织编制，报市人民政府批准。

区县(自治县)城市绿地系统规划由区县(自治县)城市园林绿化主管部门组织编制，在征求市城市园林绿化主管部门意见后，报区县(自治县)人民政府批准。

经批准的城市绿地系统规划应当严格执行;确需变更的,应当按照法定程序进行。变更后的绿地总量不得减少,系统性不得破坏,功能性不得降低。

城市园林绿化主管部门应当根据城市绿地系统规划,编制城市园林绿化年度建设计划,并组织实施。

第十一条　城市园林绿化主管部门、规划自然资源部门应当编制城市绿道规划和山城步道规划,将生态、文化、交通等要素有机融合,以步道串联城乡绿色资源和历史文脉。

第十二条　规划自然资源部门、城市园林绿化主管部门,按照职责分工,负责城市绿线的划定和监督管理工作。

城市绿线分为现状绿线、规划绿线和生态控制线。现状绿线和规划绿线应当在国土空间规划各阶段分层次划定,生态控制线应当在国土空间总体规划阶段划定。

公园绿地、防护绿地、生产绿地,城中山体和江河、湖泊、水库蓝线以外的周边生态控制区域,风景名胜区等对城市生态环境质量、居民休闲生活和生物多样性保护有直接影响的绿地,应当划定城市绿线。

划定的城市绿线应当严格执行,及时向社会公布,接受社会监督。

第十三条　市城市园林绿化主管部门应当会同市规划自然资源部门确定永久保护绿地,向社会公布,并在永久保护绿地的显著位置设立告示牌。

第十四条　城市生态公园应当确定为永久保护绿地,并按照公园绿地进行建设管理,其配套管理服务设施用地应当计入建设用地指标,在项目实施时，其用地指标应当在所在行政区范围内等量置换平衡。

第十五条 新建建设项目应当按照规定建设附属绿地，绿地率应当符合以下要求：

(一)居住项目不低于百分之三十，拆除重建的城市更新居住项目不低于百分之二十五；

(二)公共管理与公共服务设施项目不低于百分之三十五；

(三)商务设施项目不低于百分之二十五，商业设施项目不低于百分之十；

(四)道路与交通设施项目不低于百分之二十；

(五)其他类型的建设项目绿地率应当符合国家和本市相关规定。

因用地条件、建设项目特殊性等原因，绿地率不能达到前款规定确需调整的，建设用地使用权出让前，应当经规划自然资源部门会同城市园林绿化主管部门专题论证后，主城区由市人民政府批准，其他由所在区县(自治县)人民政府批准。

第十六条 其他绿化空间控制应当符合以下要求：

(一)长江、嘉陵江城市蓝线外侧，城镇规划建设用地内尚未建设的区域控制宽度不少于五十米的绿化缓冲带，非城镇建设用地区域控制宽度不少于一百米的绿化缓冲带；

(二)其他江河溪流湖库沿岸，铁路、高速公路、城市快速路两侧等应当设置防护绿地，其宽度按照有关规定执行；

(三)组团隔离带宽度不小于一百米；

(四)因历史文化保护需要，在历史文化名镇、街区，传统风貌区和历

史建筑保护范围内进行建设活动，不低于原有的绿地面积；

（五）用于城市园林绿化的苗圃、花圃、草圃等生产绿地，应当适应城市园林绿化建设的需要，其总面积不低于城市建成区面积的百分之二。

第十七条　规划自然资源部门应当将本条例规定的绿地率、绿化空间控制要求等内容纳入国土空间详细规划，作为确定规划条件的依据。

国土空间详细规划确定的绿地率属于强制性内容，确需变更的，应当按照法定程序进行。

第十八条　新建、改建、扩建公共建筑的，应当对平屋顶实施绿化。高架桥路、护坡、堡坎、轨道立柱、隧道口、崖壁、挡墙以及大型环卫设施等市政公用设施，应当按照相关标准和技术规范实施立体绿化。

鼓励办公楼、居民住宅楼等建（构）筑物实施多种形式的立体绿化建设。本条例第十五条规定的新建建设工程项目实施立体绿化的，立体绿化面积可以按照比例折算为建设项目的附属绿地面积。立体绿化鼓励办法由市人民政府制定。

实施立体绿化建设，应当符合相关法律、法规规定，并确保其所附建（构）筑物、相邻区域和通行的安全。

第十九条　鼓励开展消落带绿化的科学研究和试点，培育、开发和推广适宜的消落带绿化植物，开展消落带生态治理与修复。

第二十条　开发利用绿地地下空间的，应当符合国家和本市有关技术规范、规定，保证古树名木安全，不得影响植物生长、绿地使用功能和游憩安全。

因实施市政交通等基础设施确需在古树名木保护范围以及已建成公

园绿地、防护绿地、广场用地和道路附属绿地的地下空间进行开发利用的,应当经城市园林绿化主管部门专题论证。

第二十一条　公园绿地、防护绿地、广场用地由人民政府确定的建设责任主体负责组织建设;建设项目附属绿地由建设单位负责建设。

前款规定以外的绿地,由所在地区县(自治县)人民政府确定建设责任单位。

第二十二条　城市建成区适宜绿化的闲置土地和储备土地应当按照国家和本市对相关土地进行临时利用的规定,由土地使用权人或者建设单位、土地储备机构进行简易绿化。

当地人民政府组织实施简易绿化的,土地使用权人或者建设单位、土地储备机构应当予以配合。

第二十三条　城市园林绿化建设应当注重植物造景,突出色叶植物、花卉植物运用,提高绿化、彩化、香化、美化水平,植物种植面积应当不低于其绿地总面积的百分之八十。园林绿化项目采用乡土植物的比例应当不低于该项目绿地植物总量的百分之七十。

公园绿地、防护绿地、广场用地等建设应当按照国家相关规范执行。

第二十四条　鼓励城市道路两侧沿线单位、居住小区建设开放式绿地,相邻小区相对集中布置绿地,建设共有公共活动空间。

第二十五条　建设项目附属园林绿化工程应当与主体工程同步规划、同步设计、同步实施。

建设项目按照基本建设程序审批时,应当有城市园林绿化主管部门参加审查附属园林绿化工程设计方案。其中,主城区建设用地面积二万

平方米以上的由市城市园林绿化主管部门负责审查;其他由所在区县(自治县)城市园林绿化主管部门审查。

建设项目附属园林绿化工程植物种植确因季节等原因不能与主体工程同时完成的,完成绿化的时间不得迟于主体工程交付使用后的六个月。

城市园林绿化主管部门应当加强对建设项目绿地率指标的核实等监督管理。

第二十六条　公园绿地、防护绿地、广场用地以及道路附属绿地绿化施工前,应当编制城市园林绿化工程设计方案,城市园林绿化主管部门应当组织专家对设计方案进行论证。

主城区用地面积三万平方米以上的公园绿地、广场用地,用地面积五万平方米以上的防护绿地由市城市园林绿化主管部门组织论证;其他由所在区县(自治县)城市园林绿化主管部门组织论证。

第二十七条　城市园林绿化主管部门应当加强对本行政区域内城市园林绿化工程地形整理、苗木栽植、种植土壤等质量安全监督管理,建立工程质量安全监管机制。

建设单位在城市园林绿化工程开工前应当及时告知城市园林绿化主管部门。

第三章　保护与管理

第二十八条　城市园林绿化养护管理实行分工负责制:

(一)公园绿地、广场用地由城市园林绿化主管部门或者有关单位负责;

(二)防护绿地由防护主体的建设管理业主负责,无建设管理业主的由辖区人民政府确定的管理单位负责;

(三)附属绿地由管理单位或者产权单位负责。

前款规定以外的绿地的养护管理责任单位,由所在地区县(自治县)人民政府确定。

第二十九条　城市园林绿化主管部门应当对城市园林绿地的养护管理给予技术指导。

城市园林绿地的养护管理责任单位应当按照国家和本市相关技术规范履行管护责任,并建立定期巡查制度,加强对城市园林绿地的安全管理,及时采取措施消除安全隐患。

第三十条　禁止将公园绿地、防护绿地、广场用地、道路附属绿地等进行出让、出租、抵押。

禁止在公园绿地、防护绿地、广场用地、道路附属绿地内建设与城市园林绿化及其附属设施无关的项目。

第三十一条　任何单位和个人不得擅自砍伐城市园林树木,占用和临时占用城市园林绿地;不得擅自移植城市园林公共绿地内树木。移植城市园林公共绿地以外树木的,不得对绿地资源造成损害。

因项目建设、土地征转、排危排险、交通组织转换、增加市政配套设施等特殊原因需要移植城市园林公共绿地内树木,砍伐城市园林树木,占用和临时占用城市园林绿地的,应当按照本条例的规定办理审批手续。

因城市公共基础设施建设、国家重点建设项目需要移植、砍伐行道树,占用城市园林公共绿地的,在前期阶段应当征求城市园林绿化主管部门意见。

因紧急排危排险确需移植城市园林公共绿地内树木，砍伐城市园林树木或者临时占用城市园林绿地的，可以先行移植、砍伐或者临时占用。但是，应当在险情排除后五个工作日内补办审批手续，并及时告知城市园林绿化养护管理责任人。

城市园林绿化主管部门应当加强对移植、砍伐城市园林树木，占用和临时占用城市园林绿地的事中事后监管。

第三十二条　办理移植城市园林公共绿地内树木，砍伐城市园林树木，占用和临时占用城市园林绿地审批时，应当按照以下要求提供材料：

（一）工程建设项目应当提交规划自然资源部门的行政许可文件和图纸，以及现场示意图或者定位图。

（二）非工程建设项目应当提交项目主管部门的意见，以及现场示意图或者定位图。

第三十三条　移植城市园林公共绿地内树木，砍伐城市园林树木应当按照下列规定办理审批程序：

（一）主城区范围内，单株胸径五十厘米以上，行道树二十株以上，其他树木一百株以上的，报市城市园林绿化主管部门审批；

（二）其他报所在区县（自治县）城市园林绿化主管部门审批。

移植城市园林树木的，应当由养护管理责任单位按照相关技术规范进行。砍伐城市园林树木的，应当补植。

经批准移植或者砍伐城市园林公共绿地内树木，对公共绿地资源造成损害的，应当按照规定缴纳城市园林绿化补偿费。

第三十四条　主城区范围内，临时占用城市园林公共绿地四百平方米以上的，报市城市园林绿化主管部门审批；其他由所在区县(自治县)城市园林绿化主管部门审批。

临时占用城市园林绿地不得超过两年，因特殊需要超过两年的，应当依法申请延期。

临时占用城市园林绿地的，到期应当归还，并恢复绿地。

临时占用城市园林公共绿地的，应当按照规定缴纳城市园林绿化补偿费。

第三十五条　主城区范围内，占用城市园林绿地两百平方米以上的，由市城市园林绿化主管部门审查，报市人民政府审批；占用城市园林绿地不满两百平方米的，由所在区城市园林绿化主管部门审查，报市城市园林绿化主管部门审批。其他区县(自治县)由所在地城市园林绿化主管部门审查，报本级人民政府审批。

占用城市园林公共绿地的，由规划自然资源部门按照不少于所占面积的原则就近规划补偿绿化用地，城市园林绿化主管部门负责补建，建设单位按照规定缴纳城市园林绿化补偿费，并对其所占用的城市园林绿地附属设施、苗木给予经济赔偿。

第三十六条　城市园林绿化补偿费应当专项用于城市园林绿化建设，其收费标准及管理办法由市人民政府制定。

因城市公共基础设施建设、国家重点建设项目需要，市以上人民政府另有规定的，从其规定。

第三十七条　城市园林绿化主管部门应当对古树名木进行调查、鉴定、定级、登记、编号，建立档案，设立标志。

一级古树名木由市人民政府确认，报国务院住房建设部门备案；二级古树名木由市城市园林绿化主管部门确认，报市人民政府备案。

城市园林绿化主管部门应当对古树名木按照实际情况制定养护、管理方案，落实养护责任单位、责任人，并进行检查指导。

区县(自治县)城市园林绿化主管部门应当对古树后备资源进行普查、建档、挂牌并确定养护责任单位、责任人。

任何单位和个人不得毁损、砍伐和擅自移植古树名木以及古树后备资源。

因重点项目建设移植古树名木的，由建设项目业主申请，经区县(自治县)城市园林绿化主管部门审核，市城市园林绿化主管部门审查，报市人民政府批准。因重点项目建设移植古树后备资源的，由建设项目业主申请，主城区范围内经区城市园林绿化主管部门审查，报市城市园林主管部门批准；其他区县(自治县)经所在地城市园林绿化主管部门审查，报本级人民政府批准。移植所需费用，由移植单位承担。

第三十八条　市、区县(自治县)人民政府应当加强历史名园保护工作，建立历史名园档案。市城市园林绿化主管部门应当对历史名园的园林绿化工作进行监督管理。

第三十九条　城市园林绿化主管部门应当加强地方园林特色传统技艺的保护和传承工作，鼓励创新和推广地方传统园林技艺。

第四十条　公共建筑和市政公用设施上建成的立体绿化，不得占用、拆除。但是，因公共建筑和市政公用设施建设需要的除外。

公共建筑和市政公用设施建设完成后，被占用、拆除的立体绿化应当予以恢复。

第四十一条　禁止在公园绿地内设置户外商业广告。

在防护绿地、广场用地和道路附属绿地内设置户外广告的，应当符合户外广告设置规划。

第四十二条　城市园林绿化主管部门应当建立城市园林绿化病虫害预测、预报体系，定期发布预测和防治信息；发生病虫害时，城市园林绿化主管部门应当指导城市园林绿地养护管理单位及时治理。

城市园林绿化禁止使用带有检疫性有害生物的植物及植物材料等，禁止使用剧毒药剂。

第四十三条　城市园林绿化主管部门应当按照有关规定，根据职责加强对城市园林绿地的土壤监测。

第四十四条　城市园林绿化养护管理责任单位和树权单位，应当定期对树木进行修枝整形，维护冠容。树枝危及架空管线安全，遮挡交通信号等妨碍交通或者影响道路照明的，应当及时修剪。

修剪树木应当按照相关标准和技术规范进行。

第四十五条　在城市园林绿地内，禁止下列行为：

(一)破坏城市园林绿地地形、地貌和水体；

(二)偷盗、践踏、损毁园林植物和设施，破坏园林建筑；

(三)摆摊设点、停放车辆、堆放杂物、种植农作物；

(四)在城市园林树木或者绿化设施上悬挂招牌及其他物品；

(五)在公园绿地及广场用地内放养动物；

(六)其他破坏城市园林绿化、设施及管理秩序的行为。

第四十六条　城市园林绿化工程的设计、施工、监理和养护应当符合国家和本市有关标准和规范，相关从业单位应当具有相应的管理技术人员、资金、设备等条件。法律、法规有资质要求的，应当由具有相应资质的单位承担。

市城市园林绿化主管部门应当建立城市园林绿化企业的诚信评价体系，将城市园林绿化企业诚信评价体系统一纳入全市社会信用体系建设，及时公布相关信息，将企业守信情况作为行业监督管理的依据。

第四十七条　市、区县(自治县)城市园林绿化主管部门应当建立城市园林绿化管理信息系统，加强城市园林绿化资源调查、统计和监控，建立园林绿化档案并及时更新，实行信息资源共享。

城市园林绿化主管部门应当畅通投诉举报渠道，向社会公布投诉举报的方式、处理流程和时限，并及时将处理结果告知投诉举报人。

第四章　法律责任

第四十八条　本条例规定的城市园林绿化违法行为由城市园林绿化主管部门负责查处。

第四十九条　国家机关及其工作人员有下列行为之一的，由其所在单位上级主管机关或者监察机关对直接负责的主管人员和其他直接责任人员依法给予处分；构成犯罪的，依法追究刑事责任：

(一)擅自改变城市园林绿地性质、城市绿线及永久保护绿地的；

(二)擅自同意移植城市园林公共绿地内树木，砍伐城市园林树木，占用和临时占用城市园林绿地的；

(三)违反规定降低绿地率指标要求的；

(四)出租、出让、抵押公园绿地、防护绿地、广场用地和道路附属绿地的;

(五)其他滥用职权、玩忽职守、徇私舞弊的行为。

第五十条 单位和个人有下列行为之一的,按照以下规定给予处罚:

(一)违反本条例第十五条规定,建设项目绿地率未达到规定指标要求的,责令限期整改。按期达到整改要求的,处以五万元以下罚款;逾期未达到整改要求的,按照差额面积土地使用权出让价三倍以上五倍以下处以罚款,属于划拨土地的,参考同类土地使用权出让价。

(二)违反本条例第二十二条第一款规定,未对城市建成区适宜绿化的闲置土地和储备土地进行简易绿化的,责令限期改正。逾期未达到整改要求的,按照未简易绿化面积每平方米十元以上五十元以下处以罚款。

(三)违反本条例第三十一条规定的,责令限期改正,赔偿损失,没收违法所得,处以五万元以上十万元以下罚款。

第五十一条 违反本条例第三十一条、第三十三条、第三十四条、第三十五条规定的,按照以下规定给予处罚:

(一)违法移植、砍伐城市园林树木的,责令赔偿损失,并按照补偿费的三倍至十倍处以罚款;

(二)违法占用城市园林绿地的,责令限期改正,赔偿损失。按期达到整改要求的,按照补偿费的三倍至五倍处以罚款。逾期未达到整改要求的,占用城市园林公共绿地的,由区县(自治县)人民政府依法组织强制拆除绿地内的违法建(构)筑物,并按照补偿费的五倍至十倍处以罚款;占用城市园林绿地属于其他绿地的,按照差额面积该土地使用权出让价三倍以上五倍以下处以罚款，属于划拨土地的，参考同类土地使用权出让价。

第五十二条　违反本条例第三十七条规定，擅自移植古树名木和古树后备资源的，责令赔偿损失，并按照补偿费的三倍至五倍处以罚款；毁损、砍伐古树名木和古树后备资源的，责令赔偿损失，并按照补偿费的五倍至十倍处以罚款。情节严重构成犯罪的，依法追究刑事责任。

第五十三条　违反本条例第四十条规定，占用、拆除公共建筑和市政公用设施上建成的立体绿化或者未恢复原有立体绿化的，责令限期改正。逾期未改正的，按照占用或者拆除立体绿化面积每平方米五百元以上二千元以下处以罚款。

第五十四条　违反本条例第四十一条规定，在公园绿地内设置户外商业广告，在防护绿地、广场用地和道路附属绿地内设置户外广告不符合户外广告设置规划的，责令限期改正或者拆除，处五千元以上五万元以下罚款；逾期未改正或者拆除的，依法强制拆除。

第五十五条　违反本条例第四十二条规定，发生病虫害时，有关单位不按规定治理的，责令整改，并处二千元以上一万元以下罚款。

第五十六条　违反本条例第四十五条规定，责令整改、恢复原状或者消除影响；情节轻微的，处以警告或者五百元以下罚款；情节较重的，处以五百元以上五千元以下罚款；情节严重的，处以五千元以上二万元以下罚款；造成损失的，责令赔偿损失。构成犯罪的，依法追究刑事责任。

第五章　附　则

第五十七条　本条例中下列用语的含义：

（一）公园绿地，是指在规划区内，向公众开放，以游憩为主要功能，兼具生态、景观、文教和应急避险等功能，有一定游憩和服务设施的绿地，包括综合公园、社区公园、专类公园、游园和城市生态公园。

（二）防护绿地，是指用地独立，具有卫生、隔离或者安全防护功能，游人不宜进入的绿地。包括卫生隔离防护绿地、道路及铁路防护绿地、高压走廊防护绿地、公用设施防护绿地和防风林等。

（三）广场用地，是指以游憩、纪念、集会和避险等功能为主的城市公共活动场地。

（四）附属绿地，是指附属于各类城市建设用地（除绿地与广场用地）的绿化用地，包括居住用地、公共管理与公共服务设施用地、商业服务业设施用地、工业用地、物流仓储用地、道路交通设施用地、公用设施用地等用地中的绿地。

（五）生产绿地，是指为城乡绿化美化生产、培育、引种试验各类苗木、花草、种子的苗圃、花圃、草圃等圃地。

（六）城市园林公共绿地，是指向公众开放的各类公益性公园绿地、防护绿地、广场用地、道路附属绿地。

（七）绿地率，是指一定城市用地范围内，各类绿化用地总面积占该城市用地面积的百分比。

（八）城市生态公园，是指用地性质为非建设用地，但紧邻城市建设用地或者被建设用地包围，具备山体、水系、林地、草地、湿地等自然景观资源，且具有保障城市生态安全功能和一定的城市公园服务设施，能够满足市民游览观光、休闲运动需求的绿地。

（九）永久保护绿地，是指以自然植被和人工植被为主要存在形态，符合城乡规划，生态功能、服务功能突出，具有长期保护价值的绿地。

（十）立体绿化，是指利用除地面资源以外的其他空间资源进行绿化的方式，包括屋顶绿化、垂直绿化等形式。

（十一）园林绿化工程，是指新建、改建、扩建公园绿地、防护绿地、广场用地、附属绿地、区域绿地，以及对城市生态和景观影响较大建设项目的配套绿化工程，包括园林绿化植物栽植、地形整理、园林设备安装及建筑面积三百平方米以下单层配套建筑、小品、花坛、园路、水系、驳岸、喷泉、假山、雕塑、绿地广场、园林景观桥梁等施工。

（十二）组团隔离带，是指为维护城市“多中心、组团式”空间布局形态，控制组团建设用地粘连发展，沿城市组团空间增长边界划定的以生态绿地为主、具有一定宽度的隔离绿带。

（十三）古树，是指树龄在一百年以上的树木。名木，是指国内外稀有的以及具有历史价值、纪念意义、重要科研价值的树木。

（十四）古树后备资源，是指树龄五十年以上不满一百年的树木。

（十五）园林创建活动，是指创建国家级、市级园林城市、生态园林城市、园林式街道、园林式小区、园林式工厂等活动。

第五十八条　本条例自2020年3月1日起施行。

重庆市人民政府
关于《重庆市城市园林绿化条例(修订草案)》的说明

——2019年8月1日在市五届人大常委会第十一次会议市城管局局长

谢礼国

主任、各位副主任、秘书长、各位委员:

受市人民政府委托,现就《重庆市城市园林绿化条例(修订草案)》(以下简称《草案》)做如下说明。

一、立法的必要性

城市园林绿化关系到高品质生活环境、高品质发展环境。加强城市园林绿化工作,是贯彻习近平生态文明思想、落实习近平总书记对重庆提出的"两点"定位、"两地""两高"目标、发挥"三个作用"和营造良好政治生态的重要指示要求的具体举措。近年来,党中央、国务院高度重视生态文明建设,2017年,《城市绿化条例》进行了修改,对城市园林绿化事业发展提出了新的更高要求。《重庆市城市园林绿化条例》(以下简称《条例》)自1997年颁布施行以来,对保护和改善我市城市生态环境和景观发挥了重要作用。但现行《条例》已不适应国家生态园林城市、宜居城市建设及生态文明的需要。为切实加强生态文明建设,结合重庆山水城市特点,促进城市园林绿化事业健康发展,需要修订现行《条例》。因此按照2019年立法计划对《重庆市城市园林绿化条例》进行了修订。

二、起草审查过程和主要内容

2018年12月，市城市管理局起草形成了《修订草案》送审稿，提请市政府审查。市司法局按照立法程序进行了认真审查：一是广泛征求意见。通过市政府公众信息网、市司法局网站和市城管局网站公开征求了社会各界的意见；书面征求了各区县（自治县）政府、市政府各部门及基层立法联系点意见。对收到的249条意见进行了认真梳理，采纳合理建议152条；二是召开会议论证。分别召开市级部门、区县政府和专家论证会；并组织市级有关部门对重点、难点问题进行专题论证，现已达成共识；三是在认真总结我市园林绿化管理实践经验基础上，赴市内、市外开展深入调研，充分学习借鉴了上海、厦门等城市的先进立法经验；四是提前介入指导。邀请市人大城环委、市人大常委会法制工委提前介入指导。在此基础上，经反复修改完善，并于2019年4月9日经市五届人民政府第45次常务会议审议通过后，形成了提请审议的《修订草案》。

《修订草案》共5章58条，在现行《条例》的基础上修改35条，删除6条，新增23条，重点从加强规划控制、规范建设程序和强化保护管理等方面进行了修改，主要修订内容如下。

（一）加强了规划控制。一是为强化规划刚性，规范了城市绿化规划编制，对城市绿地系统规划、城市绿道规划提出了要求（第十条至第十二条）；二是为加大保护力度，新增了城市绿线、永久保护绿地和城市生态公园等方面的规定（第十三条至第十五条）；三是为提高城市建设品质，对附属绿地率指标，按照《城市绿化规划建设指标的规定》等国家要求，补充完善了建设项目类型（第十六条）；四是为体现山城特色风貌，新增了鼓励立体绿化的规定（第十九条）。

（二）规范了建设程序。一是为保护现有绿地，对绿地地下空间利用进行了适度限制（第二十一条）；二是为深化“放管服”改革，按照工程建设项目审批制度改革试点工作要求，对建设审批流程进行了优化（第二十五条至第二十八条）。

（三）强化了保护管理。一是根据国务院《城市绿化条例》的修改内容，相应取消了树木修剪的审批（第三十二条、第三十三条）；二是新增了对古树名木后备资源、历史名园、园林传统技艺的保护和传承等方面的规定（第三十七条至第三十九条）；三是新增了企业诚信管理、信息化管理等内容（第四十六条、第四十七条）。

三、需要说明的问题

（一）关于城市绿化规划和城市绿地系统规划的编制程序。按照国家关于推进“多规合一”的工作要求，自然资源部正在组织建立国土空间规划体系，现有各类规划的编制程序将有较大调整。为预留与改革相衔接的空间，《草案》仅对城市绿化规划应当纳入国土空间规划，城市绿地系统规划应当依据国土空间规划和城市绿化规划编制提出了要求，未规定具体规划编制程序。

（二）关于绿地率指标。目前，国家关于绿地率指标规定的主要依据为《建设部关于印发〈城市绿化规划建设指标的规定〉的通知》（建城〔1993〕784号）（以下简称《规定》），《修订草案》在绿地率指标设定上与该规定总体保持了一致，并基本维持了现行《条例》的规定，此外还增加、调整了部分建设项目类型：

一是关于居住项目绿地率。《规定》要求“新建居住区绿地占居住区总用地比率不低于30%”“属于旧城改造区的，可降低5个百分点”;《修订草案》规定“居住项目不低于30%，拆除重建的城市更新居住项目不低于25%”;与现行《条例》“新区开发建设不低于30%，其中居住区人均公共绿地面积不低于1.2平方米”“旧城区改造不低于25%”规定一致，未做调整，仅根据国家相关工作要求，将“旧城改造”修改为了“拆除重建的城市更新居住”。

二是关于公共管理与公共服务设施项目绿地率。《规定》要求“学校、医院、休疗养院所、机关团体、公共文化设施、部队等单位的绿地率不低于35%”;《修订草案》规定“公共管理与公共服务设施项目不低于35%”;与现行《条例》“学校、医院、疗养院(所)、国家机关、社会团体、公共文化体育场地、部队等单位不低于35%”规定一致，未做调整。

三是关于商业服务业设施项目绿地率。现行《条例》未做要求。《规定》要求“商业中心等绿地率不低于20%”。2017年我市在修订《重庆市城市规划管理技术规定》(重庆市人民政府令第318号)时对此进行了细化，规定为“商务设施项目不低于25%、商业设施项目不低于10%”。《修订草案》继续沿用了此规定。

四是关于工业项目绿地率。《规定》要求“工业企业绿地率不低于20%”“产生有害气体及污染工厂的绿地率不低于30%”。但国土资源部《关于发布和实施〈工业项目建设用地控制指标〉的通知》(国土资发〔2008〕24号)规定“工业企业内部一般不得安排绿地。但因生产工艺等特殊要求需要安排一定比例绿地的，绿地率不得超过20%”，考虑到兼顾经济社会发展需求，节约集约用地，宜根据各工业园区总体规划实际情况确定，因此，《修订草案》从保护人身安全和环境安全角度考虑，仅对产生有毒有害气体的工业项目作出了规定。与现行《条例》“污染严重的新建单位不低于百分之四十”规定基本一致。

五是关于物流仓储项目绿地率。现行《条例》未做要求。《规定》要求“仓储绿地率不低于20%”；《草案》规定“物流仓储项目不低于20%”。

六是关于道路与交通设施项目绿地率。《规定》要求“城市道路均应根据实际情况搞好绿化。其中主干道绿带面积占道路总用地比率不于20%，次干道绿带面积所占比率不低于15%”；《修订草案》规定“道路与交通设施项目不低于20%”与现行《条例》“城市道路的绿化覆盖率不低于25%，新建城市主干道的绿地面积不低于道路总用地面积的20%”规定基本一致。

（三）关于立体绿化。鼓励发展立体绿化是国家关于绿化工作的新要求，《修订草案》也增加了相应内容，并规定立体绿化面积可以按照比例折算为建设项目的附属绿地面积，这样规定主要基于以下两点考虑：一是符合节约集约利用土地的要求，可以解决实践中部分项目受客观条件限制难以达到规定绿地率的问题；二是有利于增加绿化的层次感，美化城市景观，更好地体现山城特色风貌，塑造重庆城市形象。

综上所述，《修订草案》内容合法、措施可行、切合实际，未创设行政许可、行政强制，无违反公平竞争的内容，将社会主义核心价值观内容融入法条中，法律责任设定符合立法权限。

《修订草案》连同以上说明，请一并审议。

重庆市人大城乡建设环境保护委员会关于《重庆市城市园林绿化条例(修订草案)》审议意见的报告(草案)

(2019年8月1日在市五届人大常委会第十一次会议上)

市人大常委会：

重庆市第五届人民代表大会城乡建设环境保护委员会于2019年7月15日召开第七次全体会议，对市人民政府提交市人大常委会审议的《重庆市城市园林绿化条例(修订草案)》(以下简称《修订草案》)进行了审议。现将审议结果报告如下：

一、修订的必要性

《重庆市城市园林绿化条例》(以下称《条例》)自1997年11月颁布实施以来，对保护和改善我市城市生态环境、扮靓城市颜值、提升城市品质发挥了重要作用。按照中央和上位法的新要求，随着我市经济社会的快速发展，现行《条例》已不能完全适应形势要求，亟需修订。

一是贯彻习近平生态文明思想及对我市发展殷殷嘱托的需要。良好的生活环境，是满足人民日益增长的美好生活需要的重要内容，园林绿化是实现推动高质量发展、创造高品质生活的重要方面。修订现行《条例》是落实习近平生态文明思想和对我市提出的“两点”定位，“两地”“两高”目标，发挥“三个作用”和营造良好政治生态重要指示要求，推动我市园林绿化事业发展的重要举措。

二是坚持法制统一的需要。2017年，国务院《城市绿化条例》进行了修改，对城市园林绿化事业提出了新的要求，我市《条例》也应相应加以调整，以适应上位法的要求。随着《城乡规划法》的颁布实施，新版《城市用地分类与规划建设用地标准》《城市绿地分类标准》的施行，原《条例》中的部分内容如用地分类标准、建设项目附属绿地管理等与新规定、新要求、新标准不一致，需要修改。

三是解决我市城市园林绿化存在突出问题的需要。近年来，对园林绿化的蚕食现象越来越严重，占绿毁绿行为时有发生，建设项目配套绿化指标也常有缩水现象，引发社会矛盾较多，现行《条例》的处罚力度不够，不能够有效遏制破坏绿化的行为。随着园林事业的发展，城市立体绿化、城市绿线划定、古树名木保护、园林传统技艺的传承与保护等方面在城市绿化中的地位和作用均显著提升，需要在地方立法中予以规范。

二、对《修订草案》的原则性意见

2018年12月，市城管局起草形成了《修订草案》修订送审稿，市司法局按照立法程序进行了论证，2019年4月9日经市五届人民政府第45次常务会议审议通过后，形成了提请审议的《修订草案》。我委在市人大常委会分管领导的带领下，赴市城管局调研，并多次听取市城管局、市司法局关于修订工作进展情况的汇报，安排专人全程参与了《修订草案》的起草、调研、论证等工作，并就绿地率指标特别是工业用地绿地率问题进行了专题论证。

《修订草案》共5章58条，在现行《条例》的基础上修改35条，删除6条，新增23条，重点从加强规划控制、规范建设程序和强化保护管理等方面进行了修改。我委认为，该《修订草案》贯彻了习近平新时代中国特色社会主义思想和党的十九大精神，注重把生态文明建设的相关要求落实到条文中,符合国家法律法规的规定,符合我市城市园林建设管理工作的实际,吸收借鉴了兄弟省市的经验,具有针对性和可操作性,《修订草案》已基本成熟,建议常委会予以审议。

三、具体修改意见

(一)关于在条例中确定我市市树市花。1986年7月23日,原重庆市第十届人民代表大会常务委员会第十九次会议,决定黄葛树为重庆市市树,山茶花为原重庆市市花。直辖以后,我市没有以权威形式予以确认和公布。有意见提出,应在《修订草案》中明确我市的市树市花。黄葛树属高大落叶乔木,茎干粗壮,树叶茂密,生长快,寿命长。它喜光,耐旱,耐瘠薄,适应能力强,象征重庆人勤奋、勇敢和顽强的精神。山茶花系山茶科,花期长,盛花期通常在1—3月份,品种达73种,花色鲜艳,颜色多样,有70多个品种,象征着重庆的多彩文化和重庆人的热情奔放。我委认为,黄葛树、山茶花已经成为代表我市植物特点的树种和花卉品种,直辖前重庆市人大常委会做出的决定符合实际;黄葛树为市树、山茶花为市花已经深入人心,在《修订草案》中分别确认其为市树、市花十分必要。因此,我委建议在《修订草案》“第一章总则”部分增加一条“黄葛树为重庆市市树,山茶花为重庆市市花。”作为第十条。

(二)关于绿化率指标的设定。绿地面积和绿化覆盖率是衡量城市生态环境的重要指标,关系人居环境改善,关乎山清水秀美丽之地建设。在法规中设定绿地率指标,是从规划上加强管控的重要手段,十分必要。国务院《城市绿化条例》对此没有具体规定,各地出台的地方性法规均设置了明确的指标(附件),其主要依据都是《建设部关于印发〈城市绿化规划建设指标的规定〉的通知》(建城〔1993〕784号)。由于该《规定》颁布时间较早,某些指标已经不符合现行规定和我市实际,建议《修订草案》第十六条做以下调整:

1.删除物流仓储项目绿化率规定。修订草案第十六条第五项规定“物流仓储项目不低于20%”。有意见提出,物流仓储项目由于功能类别多样,不宜在立法中规定绿地指标。我委认为,对仓储用地绿地率指标可不作强制规定。理由为:一是该规定与集约节约利用土地的有关政策相抵触。国家和我市工业用地集约节约利用有关文件中除环保安全等方面有特殊要求的项目外,均只规定了项目附属绿地绿化率的上限,原国土资源部《工业项目建设用地控制指标》(国土资发〔2008〕24号)规定“(五)工业企业内部一般不得安排绿地。但因生产工艺等特殊要求需要安排一定比例绿地的,绿地率不得超过20%”,《重庆市工业用地规划》(渝规发〔2017〕118号)规定“新建工业项目用地的绿地率不得高于10%”,修订草案对物流仓储项目绿地率的下限做出规定,与现行政策标准不符。二是部分仓储项目的特殊作业流程不宜强制规定绿地率。由于作业自动化的需要,部分仓储物流项目的生产线实行流水线式布局,也有部分项目出于无尘化要求需要建设一体式封闭车间,若一味强调在单个项目中规划建设绿地,可能会降低企业生产效率和物流中转效率,不利于这些项目的发展。三是物流仓储类项目占比小。目前,工业用地指标(包括制造业和仓储用地)在全市总建设用地指标中仅占20%左右,扣除制造业项目,仓储类项目占比更低,没有必要在立法中专门对此类项目的绿地率做出规定。

2.删除企业用地的绿地率指标规定。国土资源部《关于发布和实施

〈工业项目建设用地控制指标〉的通知》(国土资发〔2008〕24号)规定"工业企业内部一般不得安排绿地。但因生产工艺等特殊要求需要安排一定比例绿地的,绿地率不得超过20%"。修订草案第十六条第四项对产生有毒有害气体的工业项目绿地率做出了不低于30%的规定,我委认为应予删除。主要理由为:一是未纳入法定措施。国家《大气污染防治法》对有毒有害大气污染物管理做出了明确规定,对有毒有害大气污染物实行名录管理制度,并未将绿地率指标作为管理措施纳入其中;二是可由技术标准进行规范。确因生产工艺等特殊需要安排一定比例绿地的,应由相关技术标准进行规范,而不宜由地方性法规来规定;三是必要性不充分。有意见提出,没有研究成果和实践经验表明,增加绿地率对减少有毒有害气体对人身安全和环境安全有明显作用。

(三)关于城市园林绿化的政策保障。《修订草案》第四条第四款规定,"鼓励社会力量和社会资本参与城市园林绿化建设和管理"。建议进一步细化规定,推动社会力量和社会资本参与其中。建议《修订草案》第四条第四款修改为:"鼓励社会力量和社会资本参与城市园林绿化建设和管理。鼓励单位和个人以投资、捐资、认建、认养等形式,参与绿化的建设和养护。投资、捐资、认建、认养的单位或者个人可以享有绿地、树木一定期限的冠名权。"

(四)关于城市园林绿化的建设要求。城市园林绿化作为城市美化亮化的重要手段,选用树木、花卉等植物品种,应适应我市的土壤气候条件要求,符合植物的种植规律。因此,我委建议将《修订草案》第二十三条第一款修改为:"城市园林绿化建设应当选择适合我市土壤气候特点的植物种类，园林绿化项目采用本地乔木树种的比例应当占该项目绿地乔木树种总量的70%以上，植物种植面积应当不低于其绿地总面积的80%”。行道树应当选用遮阴效果良好，抗病性、抗旱性强，胸径不小于10厘米的树种。其中不低于70%以上的规定，主要依据我市园林绿化设计单位多年实践经验和参考了《海南省城镇园林绿化条例》第十六条的规定。不低于80%的规定，既是没用现行条例的规定，也是满足公共服务设施设置的需要，符合我市实际。

（五）关于树枝整形和排危。实践中，因树冠过大未及时修剪遮挡道路交通信号指示、危及轨道交通安全运行及管线安全的现象时有发生，建立相关工作协调机制十分重要。我委建议，将第四十四条第一款修改为“城市园林绿化主管部门应当建立城市园林养护管理协调机制，督促城市园林绿化养护管理单位和树权单位定期对树木进行修枝整形，维护冠容。” 将“对危及交通、架空管线安全或者影响道路照明的树枝应当及时修剪。”修改为“因树木生长影响管线、交通设施等公共设施安全的，公民、管线或者交通设施管理单位可以向区、县绿化管理部门提出修剪请求。区、县（自治县）城市园林绿化主管部门应当按照兼顾设施安全使用和树木正常生长的原则组织修剪。”并作为本条第二款。

（六）关于古树名木保护。我委认为，《修订草案》第三十七条关于分类保护的标准不明确，建议借鉴2017年出台的《天津市绿化条例》第四十七条的规定，对《修订草案》第三十七条第一、第二、第三款进行修改，修改为“百年以上的树木、树种珍贵稀有、树型奇特罕见、具有历史价值和纪念意义的树木属古树名木，应当按照国家和本市有关规定设置标志并加以保护。前款规定范围以外，树龄二十年以上或者胸径三十厘米以上的城市树木，区县(自治县)城市园林绿化主管部门应当进行登记，明确养护管理责任，实行严格保护。”

(七)其他文字修改。建议删除《修订草案》第四条第一款，“市、区县(自治县)人民政府应当以建设公园城市为目标，加强对城市园林绿化工作的领导，把城市园林绿化纳入国民经济和社会发展规划，保障城市园林绿化的经费投入。”中的“以建设公园城市为目标，”。

建议删除《修订草案》第七条“城市园林绿化主管部门应当研究制定产业政策，编制苗圃产业发展规划，组织指导园林绿化苗木生产，大力发展美丽经济。”中的“，大力发展美丽经济”　。

将《修订草案》第九条修改为“对在绿化工作中作出显著成绩的单位和个人，各级人民政府及有关部门依照国家和本市有关规定给予表彰和奖励。”

建议删除《修订草案》第十九条第二款“新建、改建、扩建公共建筑的，应当对平屋顶实施绿化。高架桥路、护坡、堡坎、轨道立柱、穿山隧道口、挡墙、永久性围墙以及大型环卫设施等，应当按照相关标准和技术规范实施立体绿化。”中的“永久性围墙”。

将《修订草案》第十九条第三款修改为：“立体绿化面积可以按照比例折算为建设项目的附属绿地面积，其建设鼓励办法由市人民政府制定。”第三十六条修改为“城市园林绿化补偿费应当专项用于城市园林绿化建设，其收费标准及管理办法由市人民政府制定。”

以上报告，请予审议。

重庆市人大法制委员会关于《重庆市城市园林绿化条例（修订草案）》审议结果的报告

——2019年9月23日在市五届人大常委会第十二次会议上

市人大法制委副主任委员　曾　礼

主任、各位副主任、秘书长、各位委员：

我受市人大法制委员会的委托，现就《重庆市城市园林绿化条例（修订草案）》（以下简称修订草案）的审议结果报告如下。

2019年7月，市五届人大常委会第十一次会议对修订草案进行了审议。常委会组成人员认为，修订条例对进一步落实习近平生态文明思想，促进城市园林绿化事业健康发展十分必要。同时，常委会组成人员也提出了一些具体修改意见和建议。

会后，法制委、法制工委将修订草案推送给全体市人大代表和立法咨询专家征求意见，公开征求了社会各界意见；分别召开相关部门和部分区县人大常委会征求意见座谈会，对审议中的重点问题开展论证。在此基础上，会同市人大城环委、市司法局、市城管局对修订草案进行了修改。经市五届人大法制委员会2019年9月17日第十七次会议审议通过，形成了提请本次常委会会议审议的《重庆市城市园林绿化条例（修订草案）》（二次审议稿）（以下简称二次审议稿）。

一、关于修订草案的名称

有的常委会组成人员建议，将修订草案名称修改为“重庆市绿化条例”或者“重庆市城市绿化条例”。法制委员会研究认为，现有《重庆市绿

化条例》规范的是全市范围的绿化事务，修订草案规范的范围仅限于城市规划区和镇规划区，修订草案名称不宜修改为“重庆市绿化条例”；同时，修订草案规范对象不限于绿化工作，还包括绿地内广场、公园等园林的建设和养护。为此，二次审议稿保留了现有名称。

二、关于市树市花的规定

有的常委会组成人员和市人大城环委建议，在修订草案中确定我市市树市花。法制委员会研究认为，原四川省重庆市第十届人民代表大会常务委员会第十九次会议通过的《重庆市人民代表大会常务委员会关于市树市花的决定》明确了原四川省重庆市的市树市花。重庆直辖后，由于地域范围和制定主体的变化，该重大事项决定不能继续适用。因此，重庆市的市树市花有待进一步确定。同时，《重庆市城市园林绿化条例》仅对城市规划区和镇规划区予以规范，而市树市花是重庆市整体形象的重要标志，不宜在该条例中确定。此外，市树市花的确定是广大市民关注的重要事项，应当按照法定程序另行确定。

三、关于绿地率指标的设定

市人大城环委审议意见提出，修订草案关于物流仓储项目和产生有毒有害气体的工业项目绿地率指标的规定，上位法依据不充分，与我市经济发展实际不相适应，建议删除。法制委员会采纳了该意见，在二次审议稿第十五条中删除了相关内容。

四、关于占用绿地补偿标准的规定

有的常委会组成人员认为，修订草案第三十四条关于占用绿地的城市园林绿地补偿面积、补偿费标准规定不具有可行性、合理性。法制委、法制工委召开立法论证会，征求相关市级部门、区县人大常委会意见后认为：修订草案“按照所占面积的2至5倍偿还城市园林绿地”的补偿面积标准设定缺乏上位法依据，且实践中难以施行。因此，在二次审议稿第三十四条中修改为“按照不少于所占面积的原则偿还城市园林绿地”。

此外，城市园林绿地补偿费作为行政事业性收费，按照《重庆市行政事业性收费管理条例》的相关规定，本市行政事业性收费标准由市价格主管部门会同市财政部门制定。征求意见过程中，市财政局建议，删除“按照所占面积每平方米缴纳5000元至20000元城市园林绿化补偿费”的规定，由主管部门按照相关规定确定具体收费标准为宜。法制委员会采纳了该建议，在二次审议稿第三十四条中删除了城市园林绿化补偿费具体标准。同时，鉴于城市园林绿化补偿费的事项较为重大，法制委员会在二次审议稿第三十六条中明确其收费标准及管理办法由市人民政府制定。

五、其他修改

有的常委会组成人员建议，应当进一步细化社会力量和社会资本参与城市园林绿化建设和管理的方式，以充分发挥社会力量和社会资本的积极作用。法制委员会采纳了该建议，在二次审议稿第四条中进行了修改。

有的常委会组成人员建议，要进一步强化立体绿化建设的安全保障以及与其他相关法律、法规的衔接。同时，应明确建设鼓励办法由市人民政府制定。法制委员会采纳了该建议，在二次审议稿第十八条进行了补充和修改。

此外,二次审议稿还对一些文字进行了修改,并对个别条款顺序进行了调整。

二次审议稿连同以上报告,请一并审议。

重庆市人大法制委员会
关于《重庆市城市园林绿化条例(修订草案)》审议结果的报告

——2019年11月26日在市五届人大常委会第十三次会议上

市人大法制委副主任委员　曾　礼

主任、各位副主任、秘书长、各位委员：

我受市人大法制委员会的委托，现就《重庆市城市园林绿化条例(修订草案)》(以下简称修订草案)的审议结果报告如下。

2019年9月，市五届人大常委会第十二次会议对《重庆市城市园林绿化条例(修订草案)》(二次审议稿)(以下简称二次审议稿)进行了审议。大多数常委会组成人员认为，二次审议稿完善了绿地率指标设定、立体绿化建设、绿化补偿费标准等规定，更加成熟，同时，也提出了一些具体修改意见。

会后，法制委、法制工委对常委会组成人员意见进行全面梳理和研究。针对绿地率指标设定、更好落实“放管服”改革精神、城市园林绿化补偿费收取范围、绿地地下空间开发等问题，多次向市政府相关部门、部分从事城市园林绿化的企业和常委会立法咨询专家征求意见。赴近年开展城市园林绿化立法工作的杭州、宁波、厦门等地调研，学习借鉴城市园林绿化立法的经验和做法。在此基础上，会同市人大城环委、市司法局、市城管局等部门和单位对二次审议稿进行了修改。经2019年11月18日市五届人大法制委员会第十九次会议审议通过，形成了提请本次常委会会议审议的《重庆市城市园林绿化条例(修订草案)》(三次审议稿)(以下简称三次审议稿)。

一、关于城市园林绿化指标

有的常委会组成人员建议，需要进一步强化城市绿线等绿化指标的刚性约束。法制委员会采纳了该建议，在三次审议稿第十二条中规定，国土空间详细规划确定的城市绿线属于强制性内容。

有的常委会组成人员提出，二次审议稿对建设项目附属绿的地绿地率指标规定比较严格，很有必要。但是，实践中因用地条件、建设项目特殊性等原因，少部分项目确实难以达到相应绿地率指标，在从严控制的前提下，有必要规定此类项目的批准程序。法制委员会采纳了该建议，在三次审议稿第十五条中增加了调整绿地率指标的程序。

二、关于相关审批程序

有的常委会组成人员提出，二次审议稿对移植、砍伐城市园林树木，占用、临时占用城市园林绿地均设定了审批程序，鉴于公园、道路附属绿地等城市园林公共绿地与机关单位、住宅小区等非公共绿地在权属、养护管理等方面有较大差别，建议将相关审批程序限定在城市园林公共绿地范围内。法制委员会研究认为，根据国务院城市绿化条例规定，砍伐城市园林树木，占用、临时占用城市园林绿地需要经过批准，为维护法制统一，地方性法规必须与之保持一致；上位法未对移植城市园林树木设置审批程序，地方性法规可根据本地实际做出规定。因此，三次审议稿从两个方面做了修改。一是保留砍伐城市园林树木，占用、临时占用城市园林绿地的审批程序，进一步下放了市城市园林绿化主管部门的部分审批权限（三次审议稿第三十二条、第三十四条、第三十五条、第三十六条）。二是优化了移植城市树木的管理制度，删除了移植机关单位、住宅小区等非公共绿地内树木的审批程序，但非公共绿地内树木移植应当由养护管理责任单位按照技术规范进行，并不得对绿地资源造成损害；移植城市园林公共绿地内树木的，应当经过审批，并在审批程序上加强了对行道树木的管理，下放对其他树木的管理权限(三次审议稿第三十二条、第三十四条)。

此外，法制委员会会同市城管局研究后，采纳了部分常委会组成人员建议，在三次审议稿第二十五条中进一步下放建设项目附属园林绿化工程设计方案审批权限。

三、关于城市园林绿化补偿费

有的常委会组成人员认为，鉴于城市园林公共绿地和非公共绿地在权属、养护管理等方面有较大差别，建议进一步斟酌城市园林绿化补偿费的收费范围。法制委员会采纳了该建议，在三次审议稿第三十四条、第三十五条、第三十六条中将收取城市园林绿化补偿费的范围限定在城市园林公共绿地范围内。

四、关于绿地地下空间开发

有的常委会组成人员建议，应当鼓励绿地地下空间开发，删除关于因实施市政交通等基础设施对古树名木保护范围，已建成公园绿地、防护绿地、广场用地和道路附属绿地的地下空间进行开发应当经专题论证的相关规定。法制委员会研究认为，鉴于重庆以山地为主的地形地貌特征，地下空间的规范开发有利于提高城市空间资源利用效率；同时，绿地地下空间开发应当与经济和技术发展水平相适应，在现有技术条件下，对古树名木保护范围、已建成公园绿地、防护绿地、广场用地和道路附属绿地的地下空间进行开发往往破坏地表植被，影响树木生长，且难以恢复。因此，

三次审议稿第二十条保留了经专题论证的规定，并明确由城市园林主管部门组织开展。

五、关于闲置土地、储备土地简易绿化

有意见提出，城市建成区部分闲置土地和储备土地因长期不开发，长满杂草，甚至堆放垃圾，影响市容市貌，建议增加对闲置土地和储备土地进行简易绿化的规定。法制委员会采纳了该建议，新增一条作为三次审议稿第二十二条，明确了土地使用权人、建设单位、土地储备机构是对闲置土地和储备土地实施简易绿化的直接责任人；同时规定当地人民政府组织实施简易绿化的，土地使用权人、建设单位、土地储备机构应当予以配合。此外，在三次审议稿第五十一条增加了未按规定进行简易绿化的相应法律责任。

六、关于委托相关机构行使行政职权

有意见提出，城市园林绿化主管部门委托城市园林绿化工程质量安全监督机构实施监督管理和竣工验收属于行政机关内部事项，无需在法规中予以规定。法制委员会采纳了该意见，在三次审议稿第二十七条、第二十八条中删除了相关表述。

此外，三次审议稿还对一些文字进行了修改，并对个别条款顺序进行了调整。

三次审议稿连同以上报告，请一并审议。

重庆市人大法制委员会
关于《重庆市城市园林绿化条例(修订草案)》修改情况的报告

——2019年11月29日在市五届人大常委会第十三次会议上

市人大法制委副主任委员 曾 礼

主任、各位副主任、秘书长、各位委员:

我受市人大法制委员会的委托,现就《重庆市城市园林绿化条例(修订草案)》的修改情况报告如下。

11月26日,市五届人大常委会第十三次会议对《重庆市城市园林绿化条例(修订草案)》(三次审议稿)(以下简称三次审议稿)进行了审议。常委会组成人员普遍认为,三次审议稿已经比较成熟,建议提请本次会议表决。同时,也提出了一些具体的修改意见和建议。

会后,市人大法制委、常委会法制工委会同市人大城环委、市司法局、市城管局对常委会组成人员意见进行全面梳理和研究,对三次审议稿进行了修改。经2019年11月27日市五届人大法制委员会第二十次会议审议通过,形成了提请本次常委会会议表决的《重庆市城市园林绿化条例(修订草案)》(表决稿)(以下简称表决稿)。

有的常委会组成人员认为,在绿化工程建设中,地形整理、苗木栽植、种植土壤等对绿化品质影响较大,应当作为绿化工程质量安全监督管理的重点内容。法制委员会采纳了该建议,在表决稿第二十七条中增加了相关表述。

有的常委会组成人员提出,城市公共基础设施建设、国家重点建设项目需要移植、砍伐行道树以及占用城市园林公共绿地，应当优化设计方案，尽量减少对绿地资源的损害，建议进一步完善相关规定。法制委员会采纳了该建议，在表决稿第三十二条中增加规定："因城市公共基础设施建设、国家重点建设项目需要移植、砍伐行道树，占用城市园林公共绿地的，在前期阶段应当征求城市园林绿化主管部门意见。"

有的常委会组成人员提出，三次审议稿进一步下放了占用、临时占用城市园林绿地的审批权限，具有一定的合理性。但鉴于主城区城市园林绿地资源有限，建议结合实际情况，进一步调整相关审批权限的幅度。法制委员会采纳了该建议，在表决稿第三十五条、第三十六条做了相应修改。

市规划自然资源局建议，不将城市绿线作为国土空间详细规划的强制性内容。市人大法制委、常委会法制工委会同市规划自然资源局、市城管局对此进行了研究。原建设部制定的《城市规划编制办法》规定，控制性详细规划确定的各地块的绿地率应当作为强制性内容。因此，表决稿将三次审议稿第十二条第四款中的"城市绿线"修改为"绿地率"，作为第十七条第二款，表述为"国土空间详细规划确定的绿地率属于强制性内容，确需变更的，应当按照法定程序进行。"实践中，部分项目的绿地率难以达到相关要求的，可以实施立体绿化进行折算，确实不能达到的，按照法定程序进行调整。

此外，表决稿还对一些文字进行了修改。

表决稿如获本次常委会会议通过，建议自2020年3月1日起施行。

表决稿连同以上报告，请一并审议。

重庆市城市管理局关于做好新修订的《重庆市城市园林绿化条例》学习贯彻工作的通知

各区县(自治县)城市管理局，两江新区、万盛经开区城市管理局，重庆高新区城市管理局、综合执法局，局机关各处室、市城市管理综合行政执法总队，局各直属单位：

2020年3月1日起施行的《重庆市城市园林绿化条例》于2021年5月27日经重庆市第五届人民代表大会常务委员会第二十六次会议第四次进行集体修正，主要对竣工验收环节和绿地率指标核实进行了修改，对原第28条进行了删除，对原第25条进行了适当补充。现将修订后的《重庆市城市园林绿化条例》印发你们，望认真组织学习，抓好贯彻落实。

重庆市城市管理局

2021年6月21日

重庆市城市管理综合行政执法总队 关于做好《重庆市城市园林绿化条例》学习贯彻工作的通知

重庆市城市管理综合行政执法总队文件
渝城管执法总队〔2020〕21号

各区县(自治县)城市管理综合行政执法支队,两江新区、万盛经开区城市管理综合行政执法支队,重庆高新区综合执法局,总队各处室、执法支队:

《重庆市城市园林绿化条例》(以下简称《条例》)已于2019年11月29日经重庆市第五届人民代表大会常务委员会第十二次会议通过,自2020年3月1日起施行。结合全市城市管理综合执法工作实际,现就做好《条例》学习贯彻工作有关事项通知如下:

一、充分认识学习贯彻《条例》的重要性

《条例》是我市城市管理领域的一部基础性地方性法规,自1997年10月17日公布施行以来,《条例》先后经历3次修正,此次修订的《条例》共5章59条,其中修改42条、新增17条、删除原条款5条,此次修订更为系统、更加全面。《条例》是城市园林绿化执法的主要依据,认真学习宣传、贯彻落实《条例》,对于贯彻落实习近平生态文明建设思想、落实习近平总书记对重庆提出的"两点"定位、"两地""两高"目标、发挥"三个作用"和营造良好政治生态的重要指示要求,对于进一步提升执法办案质量水平,依法查处城市园林绿化领域违法行为,保护城市园林绿化成果和维护城市园林绿化行政管理秩序具有十分重要的意义。全市城市管理执法机构和执法队伍要把学习宣

传、贯彻落实《条例》作为当前和今后一个时期城市管理执法领域的一项重要任务,结合实际,制定切实可行的工作措施,全力抓好抓实。

二、加强《条例》学习培训

全市城市管理执法机构和执法队伍要重视学习培训的基础性作用,以指导执法办案为导向,以提升实战能力为目标,切实加强《条例》的学习培训工作。《条例》学习培训要突出重点,紧紧围绕《条例》第四章法律责任的9个责任条款,以城市绿线、公共绿地、附属绿地、绿地率、古树名木和古树后备资源等专业术语和占用、移植、砍伐、损毁等法律术语为重点,精准把握其内涵和外延;以“建设项目绿地率未达到规定指标要求”“违法移植、砍伐城市园林树木”“违法占用城市园林绿地”等典型违法行为和“未对城市建成区适宜绿化的闲置土地和储备土地进行简易绿化”“擅自移植古树名木和古树后备资源”“占用、拆除公共建筑和市政公用设施上建成的立体绿化或者未恢复原有立体绿化”等新增违法行为为重点,准确把握其构成要件和调查取证要点;以《条例》第二十二条、第三十一条、第三十二条、第三十四至三十六条以及四十六等11条限制性、禁止性规范为重点,准确把握义务主体、义务内容和对应的处罚内容。要全面系统学习《条例》,系统收集编辑学习资料,将《行政处罚法》《行政许可法》《行政强制法》《物权法》《重庆市物业管理条例》的相关内容和城市园林管理方面的配套规定、技术规范纳入学习内容,有效拓展学习范围,组织全员开展培训,逐章逐条系统学习,全面了解《条例》修订的背景、目的、理念、思路,深刻领会条文核心要义,准确把握城市园林绿化执法的权责边界。学习《条例》要注重方法,针对城市园林绿化执法专业性较强的特点,在开展自主学习的同时，适时邀请行业专家系统解读，解决学习贯彻中的疑惑和难点，提升学习培训效果。

三、抓好《条例》普法宣传

全市城市管理执法机构和执法队伍要认真贯彻落实“谁执法谁普法”普法责任制要求，综合运用文字、图片、动漫、微视频等载体，通过主题鲜明、形式多样、内容丰富、寓教于乐的方式，充分利用宣传手册、告示牌、横幅、LED显示屏、互联网、微信平台等宣传媒介，广泛深入宣传《条例》的限制性、禁止性规范和对应的责任条款，提高社会公众对贯彻实施《条例》、加强城市园林绿化执法的知晓率、熟悉度。要在城市公园、市政广场、城市生态公园等市民集中的绿地区域设置告示牌，面向社会公众广泛宣传生态文明理念，倡导文明游览、文明观赏、规范停车、依法放养宠物，引导广大市民遵守《条例》、维护《条例》。要组织引导闲置土地使用权人或者建设单位、土地储备机构和公园绿地、防护绿地、广场用地、道路附属绿地管护单位等，学习了解《条例》的相关要求，自觉遵守法律规定，主动履行法定义务。要面向社会公开违法行为投诉、举报电话，引导广大市民投诉、举报违法行为，培养社会公众爱绿、护绿意识。

四、依法办理涉绿违法案件

全市城市管理执法机构和执法队伍要准确把握涉绿违法行为发生时间和具体行政行为做出时间两个关键节点，准确区分实体问题和程序问题，准确辨识适用不同依据对相对人权益的利弊影响，精准适用新旧《条例》，依法处理在办的城市园林绿化违法案件。对连续性、持续性违法行为，要加强分析研究，明确判别标准，增强《条例》适用的准确性，切实保障相对人的合法权益。要按照市城市管理局和市城市管理综合行政执法总队的安排部署，结合各区县(自治县)实际，以《条例》修订施行为契机，在加强城市园林绿化日常执法的基础上，积极组织开展涉绿监管执法专项行动，查处一批违法行为，办理一批典型案件，教育一批违法主体，以扎实的执法工作和高效的办案成果贯彻落实《条例》。

五、切实加强执法保障

全市城市管理执法机构和执法队伍要加强专业化建设工作，根据执法需要和队伍实际，调整充实城市园林绿化方向的执法力量。确保一线执法人员和法制审核人员具备相应的专业背景和业务知识，不断加强专业学习和实战经验积累，提升执法专业水平。要加强执法装备设备保障，根据执法实际需求，配置专业装备器材。要加强技术服务保障工作，结合执法实际需求，建立涉绿技术服务单位名录库，依法遴选优质测绘、评估、造价服务机构。

在学习宣传、贯彻落实《条例》的过程中，各区县城市管理执法机构和执法队伍要不断总结经验，对执法实践中遇到的问题要认真研究，并提出意见建议，及时向市城市管理局和市城市管理综合行政执法总队反馈，上下联动、形成合力，共同推动《条例》的有效实施。

重庆市城市管理综合行政执法总队

2020年4月28日

重庆市城市管理局关于印发贯彻实施《重庆市城市园林绿化条例》(2019年修订)执法办案有关问题的指导意见的通知

重庆市城市管理局文件

渝城管局〔2020〕89号

各区县(自治县)城市管理局,两江新区、万盛经开区城市管理局,重庆高新区城市管理局、综合执法局,市城市管理局机关各处室、市城市管理综合行政执法总队、局各直属单位,有关单位:

《重庆市城市园林绿化条例》已于2019年11月29日经重庆市第五届人民代表大会常务委员会第十三次会议通过,自2020年3月1日起施行。

为贯彻实施好《重庆市城市园林绿化条例》,市城市管理局政策法规处、执法监督处会同市城市管理综合行政执法总队研究形成了《贯彻实施〈重庆市城市园林绿化条例〉(2019年修订)执法办案有关问题的指导意见》,现印发给你们,请结合实际,认真遵照执行。

在执行过程中有何意见和建议,请及时反馈给市城市管理综合行政执法总队。

联系人:总队市容园林绿化执法支队金良培,联系电话:68730355。

重庆市城市管理局

2020年7月1日

贯彻实施《重庆市城市园林绿化条例》(2019年修订)执法办案有关问题的指导意见

《重庆市城市园林绿化条例》(以下简称《条例》)已于2019年11月29日经重庆市第五届人民代表大会常务委员会第十三次会议通过,自2020年3月1日起施行。为准确适用地方性法规解决城市园林绿化执法办案中遇到的有关问题,结合实际,现提出指导意见如下。

一、关于新旧条例适用理解问题

(一)关于新旧条例的适用规则问题。《条例》第五十九条规定,“本条例自2020年3月1日起施行”。根据《中华人民共和国立法法》第九十三条“法律、行政法规、地方性法规、自治条例和单行条例、规章不溯及既往,但为了更好地保护公民、法人和其他组织的权利和利益而作的特别规定除外”之规定,和《最高人民法院关于印发〈关于审理行政案件适用法律规范问题的座谈会纪要〉的通知》(法〔2004〕96号)“三、关于新旧法律规范的适用规则。根据行政审判中的普遍认识和做法,行政相对人的行为发生在新法施行以前,具体行政行为做出在新法施行以后,人民法院审查具体行政行为的合法性时,实体问题适用旧法规定,程序问题适用新法规定,但下列情形除外:(一)法律、法规或规章另有规定的;(二)适用新法对保护行政相对人的合法权益更为有利的;(三)按照具体行政行为的性质应当适用新法的实体规定的”之规定,对于城市园林绿化违法行为行政处罚的法规适用按照以下原则处理:

1.行政相对人的违法行为发生在2020年3月1日以前,原则上对于是否构成违法行为、行政处罚的种类、行政处罚的幅度等实体问题适用旧条例规定,程序问题适用新条例规定(对于已经按照旧条例实施完毕的程序问题仍然有效)。

2.行政相对人的违法行为发生在2020年3月1日以前,并且在2020年3月1日以前尚未做出行政处罚决定,适用新条例能够更好地保护公民、法人和其他组织的权利和利益的,适用新条例。

3.行政相对人的违法行为发生在2020年3月1日及其以后的,适用新条例。

4.对于行政相对人的违法行为处于连续或者继续状态的,以行为终了之日是在2020年3月1日以前或者以后计算,适用以上3点原则;案件情况复杂特殊的,根据案件具体情况研究确定法规适用。

(二)关于城市园林绿地的解释问题。《条例》关于城市园林绿地的划分主要依据国家标准《城市用地分类与规划建设用地标准》(GB50137-2011)、行业标准《城市绿地分类标准》(CJJ/T85-2017),执法办案实践中主要依据城市绿化规划、绿地系统规划、城市绿线来认定城市园林绿地的类型。需要重点关注永久保护绿地、城市生态公园、城市绿道等新概念。

(三)关于《条例》中补偿费和赔偿损失问题。

1.关于补偿费问题。目前市城市管理局正在代市政府起草与《条例》相配套的《重庆市园林绿化补偿费管理办法》(暂定名)。

2.关于赔偿损失问题。《条例》中的赔偿损失规定属于民事赔偿行为,是指各类城市园林绿地、园林植物、设施等被破坏、损坏后修复、补植、重置所产生的费用。

二、关于建设项目绿地率未达到规定指标的违法行为查处问题

(一)《条例》中涉及建设项目绿地率未达到规定指标违法行为的有关条款调整情况。

1.对市、主城区的区两级城市园林绿化主管部门管理权限进行了调整,相对应的市、主城区的区两级城市管理执法机关的执法权限也据此进行调整。《条例》第二十五条规定,市城市管理局对建设项目附属园林绿化工程设计方案审查范围由原来"市区范围内规划用地面积八千平方米以上的建设项目",调整为"主城区建设用地面积二万平方米以上"的建设项目。

2.对部分建设项目绿地率指标进行了调整。《条例》第十五条,一是新增"(三)商务设施项目不低于百分之二十五,商业设施项目不低于百分之十",降低了商务、商业设施项目的绿地率指标。二是将道路与交通设施项目绿地率由原来的不低于百分之二十五降低到不低于百分之二十。

3.对建设项目附属园林绿化工程建设完成时间进行了明确。明确建设项目附属园林绿化工程应当与主体工程同步规划、同步设计、同步实施,因季节等原因不能与主体工程同时完成的,完成绿化的时间不得迟于主体工程交付使用后的六个月。这一规定有利于城市管理执法人员执法办案时确定违法事实发生时间。

4.对违法行为的法律责任进行了调整。一是删除"拆除占用规划绿地的建(构)筑物"这一规定。二是将行政处罚计算依据调整为"按期达到整改要求的,处以五万元以下罚款;逾期未达到整改要求的,按照差额面积土地使用权出让价三倍以上五倍以下处以罚款,属于划拨土地的,参考同类土地使用权出让价"。

(二)依据《条例》查处建设项目绿地率未达到规定指标违法行为的办案要点。

1.准备阶段。主要是明确涉嫌违法当事人,确定执法主体,掌握建设项目绿地率有关证据材料。主要包括发展改革部门核发的建设项目立项批复,规划自然资源部门核发的该项目《重庆市房地产权证》《建设用地规划许可证》等证据材料,明确违法主体。

2.现场检查阶段。主要是通过测量、技术参数核算确认建设项目附属绿地面积。需要重点核查清楚的内容:一是要准确测量建设项目实际实施的附属绿地面积。二是要根据现行的《重庆市都市区城市建设项目配套绿地管理技术规定》对实施绿地是否达到规定要求及核算比例进行一一比对和换算(《重庆市建设项目附属绿地管理技术规定》下一步也要进行修订完善)。三是要根据《重庆市建设工程初步设计环节并联审批协办意见通知书》和附属园林绿化工程设计方案对实施绿地位置、绿地组成类型及各类型所占面积进行比对,其中,实地绿地面积可以超出规定面积,超出部分可以核算计入绿地总面积;地下架空平台绿化不能超过规定面积,超过部分不能核算计入绿地总面积;超过规定的绿地组成类型实施的绿化,不能计入绿地总面积。四是如果实际实施绿地面积较大,绿地组成较为复杂难以测量和比对的,可以聘请第三方具有测量资质的专业测量机构代为测量和比对。

3.处置阶段。主要是通过询问和收集证据材料,确认建设项目绿地率在竣工时已经达到规定指标要求,而后期因为其他原因毁绿、占绿造成建设项目绿地率未达到规定指标要求的,案由随之转化为占用城市园林绿地违法行为。通过询问和收集证据材料，确认属于建设项目附属园林绿化工程竣工后未达到规定指标的，要求当事人按《重庆市建设工程初步设计环节并联审批协办意见通知书》、附属园林绿化工程设计方案和《重庆市都市区城市建设项目配套绿地管理技术规定》有关要求，限期整改。同时，属于出让用地的，要求其提供规划自然资源部门核发的《国有土地使用权出让合同》，掌握该项目土地使用权出让价格，以便当事人在规定时间内未达到整改要求时，作为基数核算处罚金额；属于划拨用地的，要求当事人提供规划自然资源部门核发的《国有建设用地划拨决定书》，参考同类土地使用权出让价作为基数核算处罚金额，其中“同类土地使用权出让价”的具体解释，以即将出台的《重庆市城市园林绿化条例》释义的具体规定为准。

4.复查阶段。主要是按照现场检查要求，对整改情况进行现场核查，确认其是否按要求完成整改(复查方式方法与现场检查一致)。

5.做出行政处罚决定阶段。一是当事人按期达到整改要求的，根据实际情况对当事人做出五万元以下罚款的行政处罚决定。二是当事人未按期达到整改要求的，属于出让用地的，根据实际情况对当事人做出差额面积土地使用权出让价三倍以上五倍以下的行政处罚决定；属于划拨用地的，参考同类土地使用权出让价。

6.收集证据材料注意事项。在执法办案过程中要求当事人提供的各类证据材料，当事人不主动配合提供的或者证明材料丢失难以提供的，可向核发证明材料的主管部门进行提取。

三、关于《条例》中几类违法行为的行政处罚问题

(一)关于违法占用城市园林绿地的行政处罚问题。《条例》第三十二条规定“任何单位和个人不得擅自砍伐城市园林树木,占用和临时占用城市园林绿地”,第五十二条第二项规定了对违法占用城市园林绿地的行政处罚。对于责令限期改正后,逾期未达到整改要求的行政处罚分两种情形。一是占用城市园林公共绿地(指向公众开放的各类公益性公园绿地、防护绿地、广场用地、道路附属绿地)的,当事人逾期未达到整改要求的,针对当事人在绿地中修建建(构)筑物、用水泥硬化绿地等情况,城市管理执法机关向区县(自治县)人民政府依法申请强制拆除,并按照补偿费的五倍至十倍处以罚款。二是占用除城市园林公共绿地以外的其他性质的绿地,如居住项目附属绿地、公共管理与公共服务设施项目附属绿地,当事人逾期未达到整改要求的,城市管理执法人员需到规划自然资源等相关部门查询明确该土地属性以及该土地每平方米土地使用权出让价(属于划拨土地的,参考同类土地使用权出让价)作为罚款基数,按照差额面积土地使用权出让价三倍以上五倍以下处以罚款。

(二)关于擅自移植城市树木的行政处罚问题。《条例》第三十二条规定任何单位和个人“不得擅自移植城市园林公共绿地内树木。移植城市园林公共绿地以外树木的,不得对绿地资源造成损害。”对于城市园林公共绿地内树木的,应当办理审批手续。对于居住项目附属绿地、公共管理与公共服务设施项目附属绿地等非公共绿地内移植树木,不需要办理审批手续(不包括古树名木以及古树后备资源),但不得对绿地资源造成损害。

（三）关于修剪城市树木的行政处罚问题。《条例》删除了关于擅自修剪城市树木的处罚条款。对非树权单位或者非养护管理责任单位修剪城市园林树木的行为，以及树权单位或者养护管理责任单位未按照相关标准和技术规范修剪城市园林树木、确有损毁园林植物事实的，可依据第四十六条第二项“在城市园林绿地内，禁止下列行为：（二）偷盗、践踏、损毁园林植物和设施，破坏园林建筑” 之规定认定为损毁园林植物，依据第五十七条进行行政处罚。

（四）关于古树后备资源的行政处罚问题。《条例》第三十八条增加了对古树后备资源的管理规定，第五十三条规定对“擅自移植古树名木和古树后备资源”和“毁损、砍伐古树名木和古树后备资源”的行政处罚。《条例》增加并明确古树后备资源是指树龄五十年以上不满一百年的树木。城市管理执法人员要根据城市园林绿化主管部门建档、挂牌的情况来认定是否属于古树后备资源或者古树名木。各区县城市园林绿化主管部门要尽快将辖区内树龄五十年以上的城市树木进行普查，并建档挂牌。

根据《最高人民法院　最高人民检察院关于适用〈中华人民共和国刑法〉第三百四十四条有关问题的批复》（法释〔2020〕2号）规定，古树名木以及列入《国家重点保护野生植物名录》的野生植物，属于刑法第三百四十四条规定的“珍贵树木或者国家重点保护的其他植物”。在城市管理执法中，发现违法行为构成犯罪的，应当及时移交公安机关依法追究刑事责任。

（五）关于有关单位不按规定治理病虫害的行政处罚问题。《条例》第四十三条、第五十六条规定了对于城市园林绿化发生病虫害时，有关单位

不按规定治理的行政处罚。在日常执法中,这种情况常见于小区物业公司,该条文所指违法行为主要是指城市园林绿化树权单位或者养护管理责任单位不按规定治理病虫害的违法行为。因此在城市管理执法实践中需要收集固定未按规定治理病虫害的证据材料,确认违法事实。对于城市园林绿化是否遭受病虫害的客观事实应当委托第三方专业评估机构予以鉴定。

重庆市城市管理局办公室

2020年7月2日印发

中华人民共和国国家标准
《城市绿线划定技术规范》

Technical code for delimitation of urban green line

GB/T 51163-2016

主编部门:中华人民共和国住房和城乡建设部

批准部门:中华人民共和国住房和城乡建设部

施行日期:2016年12月1日

《中华人民共和国住房和城乡建设部公告》
第1091号

住房城乡建设部关于发布国家标准《城市绿线划定技术规范》的公告

现批准《城市绿线划定技术规范》为国家标准,编号为GB/T 51163-2016,自2016年12月1日起实施。

本规范由我部标准定额研究所组织中国建筑工业出版社出版发行。

中华人民共和国住房和城乡建设部

2016年4月15日

前言

根据住房和城乡建设部《关于印发〈2010年工程建设标准规范制订、修订计划〉的通知》(建标〔2010〕43号)的要求,规范编制组经广泛调查研究,认真总结实践经验,参考有关国际标准和国外先进标准,并在广泛征求意见的基础上,编制了本规范。

本规范的主要技术内容有:1.总则;2.术语;3.基本规定;4.绿线划定。

本规范由住房和城乡建设部负责管理,由中国城市建设研究院有限公司负责具体技术内容的解释。执行过程中如有意见或建议,请寄送中国城市建设研究院有限公司(地址:北京市西城区德胜门外大街36号楼,邮编:100120)。

本规范主编单位:中国城市建设研究院有限公司

本规范参编单位:北京北林地景园林规划设计院有限责任公司
中国城市规划设计研究院
住房和城乡建设部城乡规划管理中心
重庆市园林事业管理局
深圳市城市管理局
重庆市风景园林规划研究院
重庆市规划信息服务中心
青岛市城乡建设委员会城市园林局
浙江省衢州市住房和城乡建设局

本规范主要起草人员:王磐岩 徐波 刘冬梅 周进 郭竹梅 李梅丹 张晓军 李勇 边光 吴璀兴 牛萌 黄建 王忠杰 赵锋

梁治宇　于静　廖聪全　师卫华　蔡文婷　刘文栋　吴岩　汪淑英　蒋婵贞　樊崇玲　曹迪

本规范主要审查人员：张树林　贾建中　张菁　李炜民　朱虹　杨成韫　孙喆　苏玲　刘薇　郃艳丽　周海波　吴淑琴

1.总　则

1.0.1　为规范城市绿线的划定，巩固绿化成果，促进规划绿地实施，保障城市可持续协调发展，制定本规范。

1.0.2　本规范适用于城市总体规划和城市绿地系统规划确定的各类绿地和生态区域的控制线划定，以及绿地管理。

1.0.3　城市绿线划定除应符合本规范外，尚应符合国家现行有关标准的规定。

2.术　语

2.0.1　城市绿线　urban green line

城市规划确定的，各类绿地范围的控制界线。

2.0.2　现状绿线　existing urban green line

建设用地内已建成，并纳入法定规划的各类绿地边界线。

2.0.3　规划绿线　planning urban green line

建设用地内依据城市总体规划、城市绿地系统规划、控制性详细规划、修建性详细规划划定的各类绿地范围控制线。

2.0.4　生态控制线　ecological controlling open space

规划区内依据城市总体规划、城市绿地系统规划划定的，对城市生态保育、隔离防护、休闲游憩等有重要作用的生态区域控制线。

3.基本规定

3.0.1 绿线划定应分为总体规划阶段、控制性详细规划阶段和修建性详细规划阶段,并应纳入城市用地管理。

3.0.2 城市绿线应分为现状绿线、规划绿线和生态控制线,并应符合下列规定:

1.现状绿线和规划绿线应在总体规划、控制性详细规划和修建性详细规划各阶段分层次划定,生态控制线应在总体规划阶段划定;

2.现状绿线划定应明确绿地类型、位置、规模、范围,宜标注其管理权属和用地权属;

3.规划绿线划定应明确绿地类型、位置、规模、范围控制线,可标注土地使用现状和管理权属;

4.生态控制线划定宜标注用地类型、功能、位置、规模、范围控制线,可标注用地权属。

3.0.3 绿线划定应与城市红线、城市黄线的划定相衔接,与城市蓝线、城市紫线的划定相结合。

3.0.4 绿线划定应符合国家现行标准《城市用地分类与规划建设用地标准》GB 50137和《城市绿地分类标准》CJJ/T 85的相关规定。

3.0.5 绿线划定应为动态工作过程,成果应包括图纸、文本两部分,并应符合下列规定:

1.基础地形图电子版应为与城市规划地形图坐标系一致的矢量(dwg)格式文件;

2.绿线应为闭合线，现状绿线应为实线，规划绿线应为虚线，生态控制线应为点画线；

3.文本内容应包括绿线划定目标、依据、原则、管控要求。

3.0.6　绿线划定可根据管理需求编制阶段性成果，成果宜有电子版和纸质版两种表达形式。

3.0.7　绿线划定后应向社会公布。

3.0.8　公园绿地宜设立现状绿线宣传牌，宜设立界桩。

4.绿线划定

4.1总体规划阶段

4.1.1　总体规划阶段应划定建设用地内的现状绿线、规划绿线和规划区非建设用地内的生态控制线。

4.1.2　建设用地内，应按照城市绿地系统规划确定的公园绿地和防护绿地，划定现状绿线和规划绿线。

4.1.3　规划区非建设用地内，应依据城市绿地系统规划划定生态控制线，宜包括下列区域：

1.城市生态保障区域，包括水源保护区、自然保护区、城市隔离绿地、湿地、河流水系、山体、农林用地等；

2.基础设施防护隔离区域，包括各级公路、铁路、轨道交通、输变电设施、管道运输设施、环卫设施等沿线或周边设置的绿化隔离区域等；

3.休闲游憩区域，包括风景名胜区、郊野公园、森林公园、湿地公园以及各类主题公园等；

4.其他区域,包括苗圃、花圃、草圃等。

4.1.4 公园绿地规划指标应符合现行国家标准《城市用地分类与规划建设用地标准》GB 50137的相关规定。

4.1.5 城市内河、海、湖及铁路防护绿地规划宽度不应小于30 m;产生有害气体及污染工厂的防护绿地规划宽度不应小于50 m。

4.1.6 规划区内生产绿地规划面积占城市建成区总面积比率不应小于2%。

4.1.7 总体规划阶段绿线划定图纸应符合下列规定:

1.应包括建设用地内绿线划定图和规划区非建设用地内生态控制线划定图;

2.应以带城市规划路网的地形图为底图,图纸比例、表达深度应与城市总体规划图纸一致。

4.2控制性详细规划阶段

4.2.1 控制性详细规划阶段应以现状绿地和控制性详细规划为依据,划定公园绿地、防护绿地和广场用地现状绿线和规划绿线及附属绿地现状绿线。

4.2.2 附属绿地的用地应符合现行国家标准《城市用地分类与规划建设用地标准》GB 50137中的城市建设用地分类规定,建设用地应包括居住用地、公共管理与公共服务设施用地、商业服务业设施用地、工业用地、物流仓储用地、道路与交通设施用地和公用设施用地。

4.2.3 居住用地、公共管理与公共服务设施用地、商业服务业设施用地、工业用地、物流仓储用地、道路与交通设施用地和公用设施用地附属绿地的绿线划定应符合下列规定：

1.居住用地绿地率不应小于30%；

2.公共管理与公共服务用地绿地率不应小于35%；

3.商业服务业设施用地绿地率不应小于35%；

4.工业用地绿地率宜为20%，其中产生有害气体及污染工厂的绿地率不应小于30%；

5.物流仓储用地绿地率不应小于20%；

6.道路与交通设施用地绿地率不应小于20%；

7.公用设施用地绿地率不应小于30%。

4.2.4　广场用地绿地率不应小于35%。

4.2.5　控制性详细规划阶段绿线划定应符合下列规定：

1.现状绿线应明确绿地类型、位置、范围、规模，应标注绿地名称。

2.规划绿线应明确绿地类型、位置、控制范围、规模，可标注绿地名称、土地使用现状。

4.2.6　控制性详细规划阶段绿线划定图纸应符合下列规定：

1.图纸比例、地块编号应与控制性详细规划图纸一致；

2.绿线定位应明确绿地边界线的主要拐点坐标。

4.3 修建性详细规划阶段

4.3.1　修建性详细规划阶段应结合修建性规划方案审批，划定附属绿地规划绿线；绿地建设竣工验收后应纳入现状绿线管理。

4.3.2 修建性详细规划阶段规划绿线应明确绿地布局，并应提出绿地设计控制指标。

4.3.3 修建性详细规划阶段绿线图纸应符合下列规定：

1.附属绿地所在地块的编号应符合控制性详细规划地块编号；

2.图纸比例应与修建性详细规划图纸一致；

3.绿线定位应明确绿地边界线的拐点坐标。

本规范用词说明

1.为便于在执行本规范条文时区别对待，对于要求严格程度不同的用词说明如下：

1)表示很严格，非这样做不可的：

正面词采用“必须”，反面词采用“严禁”；

2)表示严格，在正常情况下均应这样做的：

正面词采用“应”，反面词采用“不应”或“不得”；

3)表示允许稍有选择，在条件允许时首先应这样做的：

正面词采用“宜”，反面词采用“不宜”；

4)表示有选择，在一定条件下可以这样做的，采用“可”。

2.条文中指明应按其他有关标准执行的写法为：“应符合……的规定”或“应按……执行”。

引用标准名录

1.《城市用地分类与规划建设用地标准》GB 50137

2.《城市绿地分类标准》CJJ/T 85

中华人民共和国国家标准
《城市绿线划定技术规范》
GB/T 51163-2016
条文说明

制订说明

《城市绿线划定技术规范》GB/T 51163-2016,经住房和城乡建设部2016年4月15日以第1091号公告批准、发布。

本规范编制过程中,编制组进行了广泛的调查研究,结合我国城市绿线划定应用情况和经验,在经过充分论证的基础上,取得了各项指标要求。

为便于城市规划和风景园林规划设计、施工监理、教学科研以及城市园林绿化行政管理等单位的有关人员在使用本标准时能正确理解和执行条文规定,《城市绿线划定技术规范》编制组按章、节、条顺序编制了本标准的条文说明,对条文规定的目的、依据以及执行中需注意的有关事项进行了说明。但是本条文说明不具备与标准正文同等的法律效力,仅供使用者作为理解和把握标准规定的参考。

1.总　则

1.0.1　随着城市的迅猛发展,城市绿地保护与城市建设用地紧张的矛盾越来越突出,城市绿地资源受到威胁,绿地被侵占、置换或改变性质的现象时有发生。原建设部于2002年11月1日起颁布实施《城市绿线管理办法》(建设部令第〔2002〕112号),明确"绿线"是指城市各类绿地范围的控制线。绿线划定以城市绿地管理为主要目的,是现代化城市规划管理的重要组成部分。《城市绿线管理办法》的出台,旨在建立并严格实行城市绿线管理制度,以加强城市生态环境建设,创造良好的人居环境,促进城市可持续发展。本技术规范就是要对城市绿线划定进行科学的技术指导,这对落实《城市绿线管理办法》,有效管理城市绿地,保护绿化成果有着重要的作用。

1.0.2　城市绿地是维护城市生态安全的主要因素之一,各类绿地有机协调,形成系统,才能有效发挥其生态环境和社会综合功能。绿线划定涵盖城市规划区所有绿地类型,即《城市绿地分类标准》CJJ／T 85-2002中规定的公园绿地、生产绿地、防护绿地、附属绿地和其他绿地,也应包括保障城市基本生态安全所确立的生态区域。通过绿线的划定与控制,才能有效管理城市绿地,保障城市绿地系统建设,保障城市可持续发展。

2.术　语

2.0.1　本术语将城市其他绿地与城市禁止、限制建设地域的生态控制范围结合,纳入城市绿线划定,统筹管理。

2.0.2　现状绿线划定是为了保护现有绿地,不得破坏、侵占和改变其用地性质。现状绿线是保护城市现状绿地的重要依据。

2.0.3 规划绿线是随着城市总体规划、城市绿地系统规划、控制性详细规划和修建性详细规划逐步落实的。规划绿线划定是对城市各规划阶段确定的绿地进行控制，从而达到在城市绿线范围内按照各阶段规划进行绿地的建设和管理，实现对各类绿地的保护。规划绿线是规划绿地控制线。

2.0.4 生态控制线是绿线的特殊类型，与现状绿线、规划绿线一起，共同形成对城市绿地和禁止、限制建设地域的生态的保护控制。生态控制线划定的目的是为了保护规划区范围内非建设用地中具有城市生态保障、防护隔离、休闲游憩以及苗木生产等功能的各类生态区域。

将绿线划定的空间范畴从中心城区扩展到规划区是非常必要的。随着我国城市化进程的发展，规划区层面的绿地生态保障、防护隔离、休闲游憩等需求越来越突出，以往仅在中心城区建设用地范围内划定绿线的工作方式已经远远不能满足城市绿地建设发展的需要，必须对规划区内各类生态区域制定相应的保护与控制措施，划定规划区内的生态控制线。同时，城市总体规划、城市绿地系统规划编制空间范围划分为市域、规划区、中心城区等不同规划层面，而不仅局限于中心城区。因此，绿线划定应与现行城市总体规划和专项规划的空间层面相一致，包含对规划区层面绿地空间的划定。

由于规划区生态区域中土地利用类型多样、绿地产权与管理问题复杂，总体规划阶段难以落实具体用地边界线，因此规划区“生态控制线”不是绿地具体建设边界，而是生态区域规划管理控制线。

3.基本规定

3.0.1 城市用地是根据各类用地的大类、中类和小类在城市总体规划、控制性详细规划和修建性详细规划不同阶段分层次逐步落实，城市各类绿地同样也随着城市各类用地的各阶段规划而逐步落实，因此，在实际操作中无法一次划定全部的城市绿线，而是随着城市绿地的逐步落实而划定绿线。绿线划定在城市总体规划、控制性详细规划和修建性详细规划不同阶段的内容和深度明显不同。总体规划阶段的绿线是划定的基础，控制性详细规划阶段的绿线是总体规划阶段绿线划定的实施深化，修建性详细规划阶段绿线是对控制性详细规划阶段绿线划定的补充落实。正是逐步深入和动态实施的绿线划定，才能保证在城市动态发展过程中对城市绿地进行准确而有效的管理。

3.0.2 现状绿线和规划绿线在建设用地内对应的绿地类型主要为公园绿地、防护绿地和附属绿地；由于城市总体规划、控制性详细规划和修建性详细规划各阶段内容和深度上不同，现状绿线和规划绿线适宜在城市规划各阶段逐步划定。生态控制线位于规划区非建设用地，适宜在城市总体规划阶段划定。

现状绿地的位置、类型、规模以及管理权属、用地权属应是明确的，故而在绿线划定时应清晰地标明，以有助于管理。

规划绿线划定应明确绿地的位置、类型、规模和范围，但对于一些尚未建设或被占用的规划绿地，由于其绿地管理权属已明确，也应在绿线划定中标明。

生态控制线内土地利用类型多样，用地权属较为复杂。因此，在划定生态控制线时，宜明确功能、位置和规模，在有条件时可以明确用地权属，以利于管理。

3.0.3 城市黄线，是指对城市发展全局有影响的、城市规划中确定的、必须控制的城市基础设施用地的控制界线。城市紫线，是指国家历史文化名城内的历史文化街区和省、自治区、直辖市人民政府公布的历史文化街区的保护范围界线。城市蓝线，是指城市规划确定的江、河、湖、库、渠和湿地等城市地表水体保护和控制的地域界线。城市蓝线、紫线和黄线所控制的是相关功能区域用地，其中存在有附属绿地，因此，绿线与城市蓝线、红线、紫线、黄线的关系，在规划的不同阶段会有所区别，可能是重合或交叉状态。绿线划定要做好与红线、黄线、蓝线与紫线划定的协调工作。

3.0.5、3.0.6 绿线划定是一个动态的过程，是在一定的时期内持续进行的。为便于查询使用，各城市可明确一定的绿线划定成果稳定期，如年度等，形成可用于公示的绿线划定成果。

4. 绿线划定

4.1 总体规划阶段

4.1.1 本条规定了总体规划阶段绿线划定的范围和绿线类型。包括两个方面：一是中心城区建设用地内的绿地，划定现状绿线和规划绿线；二是规划区非建设用地内划定的生态区域控制线，两方面内容共同组成完整的总体规划阶段绿线。

4.1.2 总体规划阶段绿线划定的依据为城市总体规划和绿地系统规划，按照国家现行标准《城市用地分类与规划建设用地标准》GB 50137和《城市绿地分类标准》CJJ／T 85，城市总体规划的绿地分类通常分到大类，城市绿地系统规划的绿地可落实到中类，因此本条规定了城市总体规划阶段在建设用地内划定公园绿地、防护绿地的城市绿线。

4.1.3 本条规定了规划区范围内生态控制线划定的方法和类型。生态控制线划定应按照绿地系统规划以及城市总体规划对"禁止建设区""限制建设区"的要求，划定规划区非建设用地内的四大类生态区域的控制线，即城市生态保障区域、基础设施防护隔离区域、休闲游憩区和其他区域。生态控制线应涵盖《城市绿地分类标准》CJJ／T 85-2002中规定的"其他绿地"及保障城市基本生态安全的城市生态空间。

4.1.4 《城市用地分类与规划建设用地标准》GB 50137-2011中第4.3.4条属于强制性条文，规定："规划人均绿地与广场用地面积不应小于10.0平方米／人，其中人均公园绿地面积不应小于8.0平方米／人。"

4.1.7 由于城市总体规划的中心城区、规划区图纸比例不同，因此总体规划阶段绿线划定图纸应按照城市总体规划的图纸比例，分别绘制建设用地内绿线划定图和规划区非建设用地内生态控制线划定图。

4.2 控制性详细规划阶段

4.2.1 控制性详细规划是对总体规划的深化控制，是规划与管理、规划与实施进行衔接必不可少的环节，是城市规划管理的重要依据。由于各城市控制性详细规划的编制是一个逐步覆盖的过程，因此，控制性详细规划阶段绿线划定应随着控制性详细规划的编制同步跟进。现阶段我国的总体规划和控制性详细规划之间仍存在较大的过渡空间,控制性详细规划可能对总体规划确定的某些用地的性质和边界进行微调。总体规划用地划分到大类或中类,而控制性详细规划要划分到小类用地。居住用地中的小区游园乃至组团绿地在控制性详细规划中会明确边界;规模较大的公共管理与公共服务设施用地、大型商业服务业设施用地可能集中布置附属绿地,从而应在控制性详细规划中明确绿地边界。

控制性详细规划阶段对已建成并与法定规划一致的绿地都应划定现状绿线,包括公园绿地、防护绿地和广场用地的绿地,并根据控制性详细规划和修建性详细规划划定已建成集中设置的附属绿地绿线。

4.2.2 附属绿地按照《城市绿地分类标准》CJJ/T 85-2002的规定,是城市建设用地中绿地之外各类用地中的附属绿化用地。

《城市用地分类与规划建设用地标准》GB 50137-2011的第3.31条规定:"城市建设用地共分为8大类、35中类、42小类"。

4.2.3 本条所规定的绿地率与现行的各项管理相协调。

《城市绿线管理办法》(建设部令第112号)第十三条要求:"居住区绿化、单位绿化及各类建设项目的配套绿化都要达到《城市绿化规划建设指标的规定》(建城〔1993〕784号)的标准。"

原建设部颁布的《城市绿化规划建设指标的规定》(建城〔1993〕784号)第五条要求"为保证城市绿地率指标的实现,各类绿地单项指标应符合下列要求:(一)新建居住区绿地占居住区总用地比率不低于30%";"(二)城市主干道绿带面积占道路总用地比率不低于20%,次干道绿带面积所占比不低于15%”;“(四)单位附属绿地面积占单位总用地面积比率不低于30%,其中工业企业,交通枢纽,仓储、商业中心等绿地率不低于20%;产生有害气体及污染工厂的绿地率不低于30%”;“学校、医院、休疗养院所、机关团体、公共文化设施、部队等单位的绿地率不低于35%。”

《工业项目建设用地控制指标》(国土资发〔2008〕24号)第四条要求:“本控制指标由投资强度、容积率、建筑系数、行政办公及生活服务设施用地所占比重、绿地率五项指标构成。工业项目建设用地必须同时符合以下五项指标:(一)工业项目投资强度控制指标应符合表1的规定;(二)容积率控制指标应符合表2的规定;(三)工业项目的建筑系数应不低于30%;(四)工业项目所需行政办公及生活服务设施用地面积不得超过工业项目总用地面积的7%。严禁在工业项目用地范围内建造成套住宅、专家楼、宾馆、招待所和培训中心等非生产性配套设施;(五)工业企业内部一般不得安排绿地。但因生产工艺等特殊要求需要安排一定比例绿地的,绿地率不得超过20%。”工业用地绿地率综合指标可根据工业项目类型的不同适度调整,宜在20%,但产生有害气体及污染工厂的绿地率不应低于30%。

《城市用地分类与规划建设用地标准》GB 50137-2011中,商业服务业设施用地中包括商业用地、商务用地、娱乐康体用地、公用设施营业网点用地和其他服务设施用地五个中类。商业服务业设施用地绿地率按《城市绿化规划建设指标的规定》(建城〔1993〕784号)第五条规定的公共文化设施绿地率不低于35%执行。

4.2.4 《城市用地分类与规划建设用地标准》GB 50137-2011中,绿地与广场用地是8大类建设用地之一，公园绿地、防护绿地与广场用地分属不同的中类。广场作为公共活动场地，依据《城市绿化规划建设指标的规定》(建城〔1993〕784号)第五条规定的公共文化设施用地附属绿地确定指标，绿地率不低于35%。

4.2.5 控制性详细规划以中类用地为主，部分要划分到小类用地。各类绿地更为明确，绿线图纸的表达也随之深化。绿地类型应依据现行行业标准《城市绿地分类标准》CJJ/T 85的规定，标注到小类；绿地位置应在说明表格中通过绿地与周边道路、重要标志物位置关系等方式进行说明；绿地规模在说明表格中注明其面积。绿地范围、出入口以及绿地的名称应在绿线图上表示。绿线划定标注绿地的现实建设状态，是为了更好地管理已建绿地和有效督促规划绿地的实施。

城市绿线与城市蓝线、城市黄线、城市紫线交叉存在时，应在说明表格中对其用地属性予以说明。

4.3.修建性详细规划阶段

4.3.1 修建性详细规划方案是修建性详细规划阶段绿线划定的依据。目前，在一些地区，以项目总评的审批替代修建性详细规划方案的审批，因此在这些地区可将项目总评纳入绿线划定的依据。绿线划定主要对规划用地的附属绿地进行界线确定。经审定批准的修建性详细规划在设计、建设和实施后，其规划绿线控制的绿地也相应实施，成为现实。因此，在项目竣工验收的同时，将规划绿线核实验收，并纳入控制性详细规划阶段的现状绿线，统一管理，从而将绿线划定不断完善，实现动态管理。

4.3.3 实施后的修建性详细规划阶段规划绿线将调整为现状绿线纳入控制性详细规划阶段管理。为便于衔接，规定修建性详细规划阶段附属绿地所在用地编号首先应与控制性详细规划的用地编号相一致，同时根据具体用地情况，进一步细化。由于修建性详细规划阶段主要完成附属绿地的划定，依据建设地块的修建性详细规划进行，所以图纸比例应与修建性详细规划相一致。

中华人民共和国行业标准
《城市绿地分类标准》

Standard for classification of urban green space

CJJ / T 85-2017

批准部门:中华人民共和国住房和城乡建设部

施行日期:2018年6月1日

中华人民共和国住房和城乡建设部公告
第1749号

现批准《城市绿地分类标准》为行业标准,编号为CJJ/T 85-2017,自2018年6月1日起实施。原行业标准《城市绿地分类标准》CJJ/T 85-2002同时废止。

本标准在住房城乡建设部门户网站(www.mohurd.gov.cn)公开,并由我部标准定额研究所组织中国建筑工业出版社出版发行。

中华人民共和国住房和城乡建设部

2017年11月28日

城市绿地分类标准

前 言

根据住房和城乡建设部《关于印发〈2013年工程建设标准规范制订、修订计划〉的通知》(建标〔2013〕6号)的要求,标准编制组经广泛征求意见的基础上,修订了本标准。

本标准的主要技术内容是:1.总则;2.绿地分类;3.绿地的计算原则与方法。

本标准修订的主要技术内容是:1.调整绿地大类;2.调整公园绿地的中类和小类;3.调整附属绿地中类;4.调整其他绿地的名称并增加中类内容;5.调整绿地的计算原则与方法;6.对相关条文进行补充修改。

本标准由住房和城乡建设部负责管理,由北京北林地景园林规划设计院有限责任公司负责具体技术内容的解释。执行过程中如有意见或建议,请寄送北京北林地景园林规划设计院有限责任公司(地址:北京市海淀区中关村东路18号财智国际大厦B座22层,邮政编码:100083)。

本标准主编单位:

北京北林地景园林规划设计院有限责任公司

本标准参编单位:

中国城市规划设计研究院

中国城市建设研究院有限公司

中国城市建设研究院有限公司

武汉市规划研究院

宜兴市规划局

深圳市城市管理局

上海市绿化和市容管理局

本标准主要起草人员：

徐 波 郭竹梅 刘冬梅 赵 锋 李金路 贾 俊 李梅丹 孙鸿洁 佟 跃 程 鹏 李 悦 何 旭 宋 洁 郭 倩 梁治宇 于一丁 涂胜杰 傅徽楠

本标准主要审查人员：

张树林 王磐岩 张 菁 朱祥明 张晓军 路 林 丘 荣 吴雪萍 赵 鹏

总 则

1.0.1 为统一城市绿地(以下简称为"绿地")分类,依据《中华人民共和国城乡规划法》,科学地编制、审批、实施绿地系统规划,规范绿地的保护、建设和管理,便于改善城乡生态环境,促进城乡的可持续发展,制定本标准。

1.0.2 本标准适用于绿地的规划、设计、建设、管理和统计等工作。

1.0.3 绿地分类除执行本标准外,尚应符合国家现行有关标准的规定。

绿地分类

2.0.1 绿地分类应与《城市用地分类与规划建设用地标准》GB50137—2011相对应，包括城市建设用地内的绿地与广场用地和城市建设用地外的区域绿地两部分。

2.0.2 绿地应按主要功能进行分类。

2.0.3 绿地分类应采用大类、中类、小类三个层次。

2.0.4 绿地类别应采用英文字母组合表示，或采用英文字母和阿拉伯数字组合表示。

绿地分类和代码应符合表2.0.4-1和表2.0.4-2的规定。

表2.0.4-1 城市建设用地内的绿地分类和代码

类别代码			类别名称	内容	备注
大类	中类	小类			
G1			公园绿地	向公众开放，以游憩为主要功能，兼具生态、景观、文教和应急避险等功能，有一定游憩和服务设施的绿地	—
	G11		综合公园	内容丰富，适合开展各类户外活动，具有完善的游憩和配套管理服务设施的绿地	规模宜大于 $10\ hm^2$
	G12		社区公园	用地独立，具有基本的游憩和服务设施，主要为一定社区范围内居民就近开展日常休闲活动服务的绿地	规模宜大于 $1\ hm^2$
	G13		专类公园	具有特定内容或形式，有相应的游憩和服务设施的绿地	—
		G131	动物园	在人工饲养条件下，移动保护野生动物，进行动物饲养、繁殖等科学研究，并供科普、观赏、游憩等活动，具有良好设施和解说标识系统的绿地	—

续表

类别代码			类别名称	内容	备注
大类	中类	小类			
G1	G13	G132	植物园	进行植物科学研究、引种驯化、植物保护，并供观赏、游憩及科普等活动，具有良好设施和解说标识系统的绿地。	—
		G133	历史名园	体现一定历史时期代表性的造园艺术，需要特别保护的园林。	—
		G134	遗址公园	以重要遗址及其背景环境为主形成的，在遗址保护和展示等方面具有示范意义，并具有文化、游憩等功能的绿地。	—
		G135	游乐公园	单独设置，具有大型游乐设施，生态环境较好的绿地。	绿化占地比例应大于或等于65%
		G139	其他专类公园	除以上各种专类公园外，具有特定主题内容的绿地。主要包括儿童公园、体育健身公园、滨水公园、纪念性公园、雕塑公园以及位于城市建设用地内的风景名胜公园、城市湿地公园和森林公园等。	绿化占地比例宜大于或等于65%
	G14		游园	除以上各种公园绿地外，用地独立，规模较小或形状多样，方便居民就近进入，具有一定游憩功能的绿地。	带状游园的宽度宜大于12 m；绿化占地比例应大于或等于65%。
G2			防护绿地	用地独立，具有卫生、隔离、安全、生态防护功能，游人不宜进入的绿地。主要包括卫生隔离防护绿地、道路及铁路防护绿地、高压走廊防护绿地、公用设施防护绿地等。	—

续表

类别代码			类别名称	内容	备注
大类	中类	小类			
G3			广场用地	以游憩、纪念、集会和避险等功能为主的城市公共活动场地	绿化占地比例宜大于35%； 绿化占地比例大于或等于65%的广场用地计入公园绿地。
XG			附属绿地	附属于各类城市建设用地(除“绿地与广场用地”)的绿化用地。包括居住用地、公共管理与公共服务设施用地、商业服务业设施用地、工业用地、物流仓储用地、道路与交通设施用地、公用设施用地等用地中的绿地	不再重复参与城市建设用地平衡
	RG		居住用地附属绿地	居住用地内的配建绿地	—
	AG		公共管理与公共服务设施用地附属绿地	公共管理与公共服务设施用地内的绿地	—
	BG		商业服务业设施用地附属绿地	商业服务业设施用地内的绿地	—

续表

类别代码			类别名称	内容	备注
大类	中类	小类			
XG	MG		工业用地附属绿地	工业用地内的绿地	—
	WG		物流仓储用地附属绿地	物流仓储用地内的绿地	—
	SG		道路与交通设施用地附属绿地	道路与交通设施用地内的绿地	—
	UG		公用设施用地附属绿地	公用设施用地内的绿地	—

表 2.0.4-2　城市建设用地外的绿地分类和代码

类别代码			类别名称	内容	备注
大类	中类	小类			
EG			区域绿地	位于城市建设用地之外，具有城乡生态环境及自然资源和文化资源保护、游憩健身、安全防护隔离、物种保护、园林苗木生产等功能的绿地。	不参与建设用地汇总，不包括耕地。
	EG1		风景游憩绿地	自然环境良好，向公众开放，以休闲游憩、旅游观光、娱乐健身、科学考察等为主要功能，具备游憩和服务设施的绿地。	—

续表

类别代码			类别名称	内容	备注
大类	中类	小类			
EG	EG1	EG11	风景名胜区	经相关主管部门批准设立，具有观赏、文化或者科学价值，自然景观、人文景观比较集中，环境优美，可供人们游览或者进行科学、文化活动的区域。	—
		EG12	森林公园	具有一定规模，且自然风景优美的森林地域，可供人们进行游憩或科学、文化、教育活动的绿地。	—
		EG13	湿地公园	以良好的湿地生态环境和多样化的湿地景观资源为基础，具有生态保护、科普教育、湿地研究、生态休闲等多种功能，具备游憩和服务设计的绿地。	—
		EG14	郊野公园	位于地区边缘，有一定规模、以郊野自然景观为主，具有亲近自然、游憩休闲、科普教育等功能，具备必要服务设施的绿地。	—
		EG19	其他风景游憩绿地	除上述外的风景游憩绿地，主要包括野生动植物园、遗址公园、地质公园等。	—
	EG2		生态保育绿地	为保障城乡生态安全，改善景观质量而进行保护、恢复和资源培育的绿色空间。主要包括自然保护区、水源保护区、湿地保护区、公益林、水体防护林、生态修复地、生物物种栖息地等各类以生态保育功能为主的绿地。	—
	EG3		区域设施防护绿地	区域交通设施、区域公用设施等周边具有安全、防护、卫生、隔离作用的绿地。主要包括各级公路、铁路、输变电设施、环卫设施等周边的防护隔离绿化用地。	区域设施指城市建设用地外的设施
	EG4		生产绿地	为城乡绿化美化生产、培育、引种试验各类苗木、花草、种子的苗圃、花圃、草圃等圃地。	—

绿地的计算原则与方法

3.0.1 计算现状绿地和规划绿地的指标时,应分别采用相应的人口数据和用地数据; 规划年限、城市建设用地面积、人口统计口径应与城市总体规划一致,统一进行汇总计算 。

3.0.2 用地面积应按平面投影计算,每块用地只应计算一次。

3.0.3 用地计算的所用图纸比例、计算单位和统计数字精确度均应与城市规划相应阶段的要求一致。

3.0.4 绿地的主要统计指标为绿地率、人均绿地面积、人均公园绿地面积、城乡绿地率,应按下式计算:

$$\lambda_g=[(A_{g1}+A_{g2}+A_{g3}+A_{xg})/A_c]\times 100\% \qquad (3.0.4\text{-}1)$$

式中:λ_g——绿地率(%);

A_{g1}——公园绿地面积(m^2);

A_{g2}——防护绿地面积(m^2);

A_{g3}——广场用地中的绿地面积(m^2);

A_{xg}——附属绿地面积(m^2);

A_c——城市的用地面积(m^2),与上述绿地统计范围一致。

$$A_{gM}=(A_{g1}+A_{g2}+A_{g3}+A_{xg}/N_p] \qquad (3.0.4\text{-}2)$$

式中:A_{gm}——人均绿地面积(m^2/人);

A_{g1}——公园绿地面积(m^2);

A_{g2}——防护绿地面积(m^2);

A_{g3}——广场用地中的绿地面积(m^2);

A_{xg}——附属绿地面积(m^2);

A_c——人口规模(人),按常住人口进行统计。

$$A_{g1m}=(A_{g1}/N_p]\qquad(3.0.4\text{-}3)$$

式中:A_{g1m}——人均绿地面积(m^2/人);

A_{g1}——公园绿地面积(m^2);

N_p——人口规模(人),按常住人口进行统计。

$$\lambda_G=[(A_{g1}+A_{g2}+A_{g3}+A_{xg}+A_{eg})/A_c]\times 100\%\qquad(3.0.4\text{-}4)$$

式中:λ_G——城乡绿地率(%);

A_{g1}——公园绿地面积(m^2);

A_{g2}——防护绿地面积(m^2);

A_{g3}——广场用地中的绿地面积(m^2);

A_{xg}——附属绿地面积(m^2);

A_{eg}——区域绿地面积(m^2);

A_c——城乡的用地面积(m^2),与上述绿地统计范围一致;

3.0.5　绿地的数据统计应按表3.0.5的规定进行汇总。

表3.0.5　绿地统计表

类别代码	类别名称	面积(hm^2)		占城市建设用地比例(%)		人均面积(m^2/人)		占城乡用地比例(%)	
		现状	规划	现状	规划	现状	规划	现状	规划
G1	公园绿地								
G2	防护绿地								
G3	广场用地								

续表

类别代码	类别名称	面积(hm²)		占城市建设用地比例(%)		人均面积(m²/人)		占城乡用地比例(%)	
		现状	规划	现状	规划	现状	规划	现状	规划
	其中：广场用地中的绿地								
XG	附属绿地								
小计									
EG	区域绿地								
合计									
备注：______年现状城市建设用地______hm²，现状人口______万人； ______年现状城市建设用地______hm²，规划人口______万人； ______年城市总体规划用地______hm²，现状总人口______万人； 规划总人口______万人；									

注：广场用地中仅“广场用地中的绿地”参与小计及合计。

引用标准名录

《城市用地分类与规划建设用地标准》GB 50137—2011

中华人民共和国行业标准
《城市绿地分类规范》

CJJ/T 85-2017

条文说明

编制说明

《城市绿地分类标准》CJJ/T85-2017经住房和城乡建设部2017年11月28日以第1749号公告批准、发布。

本标准是在《城市绿地分类标准》CJJ/T85-2002的基础上修订而成，上一版的主编单位是北京北林地景园林规划设计院有限责任公司，参编单位是建设部城市建设研究院、北京市城市规划设计研究院、武汉市城市规划设计研究院、海南省三亚市园林局、山东省城乡规划设计研究院、上海市园林局，主要起草人员是徐波、李金路、赵锋、曹礼昆、高仁风、吴淑琴、陈世平、肖志中、江长桥、王胜永、张文娟、孙国强。

本标准在修订过程中，编制组参考了国内外现行的相关法规、技术标准，征求了全国各地专家、相关部门对原标准的使用反馈意见以及对本次标准修订的意见，并与相关标准进行了充分衔接。

为便于广大规划、设计、建设、管理、统计、科研、学校等单位的有关人员在使用本标准时能正确理解和执行条文规定，编制组按章、节、条顺序编制了本标准的条文说明,对条文规定的目的、依据以及执行中需注意的有关事项进行了说明。但是,本条文说明不具备与标准正文同等的法律效力,仅供使用者作为理解和把握标准规定的参考。

总 则

1.0.1 本标准所称城市绿地(以下简称“绿地”)是指在城市行政区域内以自然植被和人工植被为主要存在形态的用地。它包含两个层次的内容:一是城市建设用地范围内用于绿化的土地;二是城市建设用地之外,对生态、景观和居民休闲生活具有积极作用、绿化环境较好的区域。

在城乡统筹的规划建设工作中,城市建设用地之外的绿地对改善城乡生态环境、缓减城市病、约束城市无序增长、满足市民多样化的休闲需求等方面发挥着越来越重要的作用。因此,从城市发展与环境建设互动关系的角度,对绿地的广义理解,有利于建立科学的城乡统筹绿地系统。

2002年颁布的原标准作为城市绿地系统规划编制与管理工作的一项重要技术标准施行了14年,在统一绿地分类和计算口径、规范城市绿地系统规划的编制和审批、加强园林绿化部门和城市规划部门的衔接沟通、提高城市绿地建设管理水平等方面发挥了积极的作用。但随着近年来全国各地城乡绿地规划建设和管理需求的不断升级与变化,以及《城市用地分类与规划建设用地标准》GB50137-2011[以下简称“城市用地分类标准”(2011版)]颁布实施带来的用地分类方面的调整,使原标准在现实需求和与相关标准衔接方面仍有进一步调整完善的必要。为适应我国城乡发展宏观背景的变化和满足绿地规划建设的需求,需要对原标准部分内容进行修订和补充。

1.0.2 本标准适用于国家按行政建制设立的城市:(1)绿地规划与设计的编制与审批;(2)绿地的建设与管理;(3)绿地的统计等工作。

1.0.3在进行绿地的规划、设计、建设、管理及统计工作时,除执行本标准外,还应符合国家现行的与绿地相关的法律法规、技术标准,尤其是强制性标准条文的规定。

绿地分类

2.0.1 绿地是城乡环境建设的重要载体,也是城市建设用地的重要类型之一。在城乡统筹发展的背景下,“城市用地分类标准”(2011版)设立了“城乡用地分类”和“城市建设用地分类”两部分,已覆盖市域范围内所有的建设用地和非建设用地。为此,本标准与“城市用地分类标准”(2011版)进行了充分的对接,提出绿地分类包括城市建设用地范围内的绿地和城市建设用地之外的“区域绿地”两部分。如此,既可满足绿地规划、设计、建设、管理、统计等多方面多层次的工作需求,也可保证城乡用地统计口径的一致性。

2.0.2 本标准从我国的具体情况出发,分析研究各地区绿地的现状和规划特点,以及城乡统筹建设发展尤其是经济与环境同步发展的需要,以绿地的功能和用途作为分类的依据。由于同一块绿地同时可以具备生态、游憩、景观、文化、防灾等多种功能,因此,在分类时以其主要功能为依据,力求命名准确,名实相符。

2.0.3 本标准采用大、中、小三级分类,以反映绿地的实际情况以及绿地与城市其他各类用地之间的层次关系,满足绿地的规划设计、建设管理、科学研究和用地统计等工作使用的需要。

2.0.4 为使分类代码具有较好的识别性，便于图纸、文件的使用和绿地的管理，并与城市用地分类代码相对应，本标准使用英文字母组合表示或使用英文字母和阿拉伯数字组合表示。城市建设用地内的绿地，大类主要采用英文G和一位阿拉伯数字表示；中类和小类各增加一位阿拉伯数字表示。如：G1表示公园绿地，G13表示公园绿地中的专类公园，G131表示专类公园中的动物园。附属绿地用XG表示。区域绿地用EG表示。尾号为9的类别表示同一层级中其他不能一一列出的内容。

本标准同层级类目之间存在着并列关系，不同层级类目之间存在着隶属关系，即每一大类包含着若干并列的中类，每一中类包含着若干并列的小类。

表2.0.4-1已就各类绿地的名称、内容做了规定，以下按顺序说明。

1公园绿地

(1)关于“公园绿地”名称的说明

“公园绿地”是城市中向公众开放的，以游憩为主要功能，有一定的游憩设施和服务设施，同时兼有健全生态、美化景观、科普教育、应急避险等综合作用的绿化用地。它是城市建设用地、城市绿地系统和城市绿色基础设施的重要组成部分，是表示城市整体环境水平和居民生活质量的一项重要指标。

相对于其他类型的绿地来说，为居民提供绿化环境良好的户外游憩场所是“公园绿地”的主要功能，“公园绿地”的名称直接体现的是这类绿地的功能。“公园绿地”不是“公园”和“绿地”的叠加，也不是公园和其他类型绿地的并列，而是对具有公园作用的所有绿地的统称，即公园性质的绿地。

原标准以"公园绿地"替代了"公共绿地"，经过14年的实践，该名称已被广泛接受和使用，"城市用地分类标准"(2011版)也采用了"公园绿地"名称，达成了城市规划行业和风景园林行业对同一类型绿地的统一命名。

(2)关于"公园绿地"的分类

对"公园绿地"进一步分类，目的是依据本标准可针对不同类型的公园绿地提出不同的规划、设计、建设及管理要求。本标准结合实际工作需求，按各种公园绿地的主要功能，对原标准进行了适当调整，将"公园绿地"分为综合公园、社区公园、专类公园、游园4个中类及6个小类。

1)关于"综合公园"的说明

取消原标准中"综合公园"下设的小类。原标准中"综合公园"下设"全市性公园"和"区域性公园"两个小类，其目的是为了根据公园的规模和服务对象更合理地进行各级综合公园的配置。但是，各地城市的人口规模和用地条件差异很大，且近年来居民的出行方式和休闲需求也发生了诸多变化，在实际工作中难以区分全市性公园和区域性公园。因此，在无法明确规定各级综合公园的规模和布局要求的情况下，将综合公园细分反而降低了标准的科学性和对实际工作的指导意义。

建议综合公园规模下限为10公顷，以便更好地满足综合公园应具备的功能需求。考虑到某些山地城市、中小规模城市等由于受用地条件限制，城区中布局大于10公顷的公园绿地难度较大，为了保证综合公园的均好性，可结合实际条件将综合公园下限降至5公顷。

2)关于“社区公园”的说明

本标准沿用了原标准中的“社区公园”,但取消了该中类下设的“居住区公园”和“小区游园”两个小类。

本标准“社区公园”是指“用地独立,具有基本的游憩和服务设施,主要为一定社区范围内居民就近开展日常休闲活动服务的绿地”,并提出其规模宜在1公顷以上。第一,强调“用地独立”是为了明确“社区公园”地块的规划属性,而不是其空间属性。即该地块在城市总体规划和城市控制性详细规划中,其用地性质属于城市建设用地中的“公园绿地”,而不是属于其他用地类别的附属绿地。例如住宅小区内部配建的集中绿地,在城市控制性详细规划中属于居住用地,那么即使其四周边界清晰,面积再大,游憩功能再丰富,也不能算作“用地独立”的社区公园,而应属于“附属绿地”,此附属绿地即《城市用地分类标准(2011版)》中R11、R21、R31中包含的小游园。第二,提出“社区公园”的规模要求是考虑到现行的《城市居住区规划设计规范》GB50180—93(2016年版)要求居住区公园的最小规模为1公顷。

取消“居住区公园”小类,是基于目前居住用地的建设规模大部分属于《城市居住区规划设计规范》GB50180—93(2016年版)中的居住小区或居住组团级别,完整的居住区建设相对较少,居住区公园已越来越少,在《城市用地分类标准(2011版)》中已取消“居住区公园”一词。同时,实际的管理和统计工作中,对“居住区公园”的判别也存在困难。

本标准在“公园绿地”中取消“小区游园”小类,将其归入“附属绿地”。“小区游园”从国家标准和规划属性上一直隶属于居住用地,是“附属绿地”的一部分。原标准将“小区游园”列为“公园绿地”,在实际工作中引起了混乱,其中最重要的混乱体现在数据统计方面,规划部门始终按照国家标准将“小区游园”列为居住用地,而园林绿化部门却将其纳入城市公园绿地面积进行重复统计。因此,将“小区游园”重新归入“附属绿地”可准确反映“小区游园”的规划属性,使本标准与《城市用地分类标准(2011版)》在用地分类和归口统计上达到完全对应,避免因分类不明晰和重复计算造成统计数据的失真,能够更加准确地反映公园绿地建设的真实水平。

3)关于修改“历史名园”定义的说明

原标准将“历史名园”定义为“历史悠久、知名度高,体现传统造园艺术并被审定为文物保护单位的园林”。其中“体现传统造园艺术”和“审定为文物保护单位”是评定为“历史名园”的关键指标。但随着当代文化遗产理念的发展,除中国传统园林以外,近代一些代表中国造园艺术发展轨迹的园林同样具有重要的历史价值,其具有鲜明时代特征的设计理念、营造手法和空间效果应当给予保护,而这些园林不一定是文物保护单位。因此,本次修订将“历史名园”的定义修改为“体现一定历史时期代表性的造园艺术,需要特别保护的园林”。

4)关于增设“遗址公园”的说明

随着对历史遗迹、遗址保护工作的高度重视,近年来出现了许多以历史遗迹、遗址或其背景为主体规划建设的公园绿地类型。因此,本次修订增设“遗址公园”小类。G134所指的“遗址公园”是位于城市建设用地范围内,其用地性质在城市总体规划或城市控制性详细规划中属于“公园绿地”范畴。位于城市建设用地范围内的遗址公园首要功能定位是重要遗址的科学保护及相关科学研究、展示、教育，需正确处理保护和利用的关系，遗址公园在科学保护、文化教育的基础上合理建设服务设施、活动场地等，承担必要的景观和游憩功能。

5)关于取消“带状公园”的说明

本标准以绿地的主要功能作为分类依据，而“带状公园”是以其形态进行命名的，根据原标准实施以来得到的反馈意见，本标准取消“带状公园”中类。原标准带状公园主要是沿水滨、道路、古城墙等建设的公园，“带状公园”后，沿古城墙等遗迹设置的公园可归入“专类公园”中的“遗址公园”，其他沿水滨、道路等设置的公园中，规模较大并有足够宽度的带状公园根据其功能可归入“综合公园”或“专类公园”。规模较小，不足以归入“综合公园”或“专类公园”的，根据其功能将具备游憩功能的绿地归入“游园”，不具备游憩功能的归入“防护绿地”。

6)以“游园”替代“街旁绿地”的说明

本标准取消“街旁绿地”的命名主要出于以下考虑：第一，“街旁绿地”突出体现了用地的位置，与本标准的分类依据不统一；第二，“街旁绿地”不能准确地体现其使用功能，反而造成了“公园绿地”是“公园”与“绿地”之和的误读。

城市公园绿地体系中，除“综合公园”“社区公园”“专类公园”之外，还有许多零星分布的小型的公园绿地。这些规模较小、形式多样、设施简单的公园绿地在市民户外游憩活动中同样发挥着重要作用。考虑到长期以来业界内外已形成的对“公园”的认知模式，本标准对这类公园绿地以“游园”命名。

“游园”不同于原标准中的“小区游园”,其用地独立,在城市总体规划或城市控制性详细规划中属于独立的“公园绿地”地块,而“小区游园”附属于“居住用地”。

本标准对块状游园不做规模下限要求,在建设用地日趋紧张的条件下,小型的游园建设也应予以鼓励。带状游园的宽度宜大于12m,是因为根据相关研究表明,宽度7m~12m是可能形成生态廊道效应的阈值。从游园的景观和服务功能需求来看,宽度12m是可设置园路、休憩设施并形成宜人游憩环境的宽度下限。

7)关于“其他专类公园”的说明

考虑到不少城市在建设用地范围内存在诸如风景名胜公园、城市湿地公园、森林公园等公园绿地类别的客观现状,本标准将其在G139中列出。上述专类公园与EG1风景游憩绿地中的风景名胜区、湿地公园、森林公园、遗址公园等主要的差别在于:第一,G139其他专类公园是城市公园绿地体系的重要组成部分,位于城市建设用地之内,可参与城市建设用地的平衡。第二,G139其他专类公园因其位于城市建设用地范围内,其首要功能定位是服务于本地居民,主要承担休闲游憩、康体娱乐等功能,兼顾生态、科普、文化等功能。

2.防护绿地

“防护绿地”是为了满足城市对卫生、隔离、安全的要求而设置的,其功能是对自然灾害或城市公害起到一定的防护或减弱作用,因受安全性、健康性等因素的影响,防护绿地不宜兼作公园绿地使用。因所在位置和防护对象的不同,对防护绿地的宽度和种植方式的要求各异,目前较多省市的相关法规针对当地情况有相应的规定,可参照执行。

随着对城市环境质量关注度的提升,防护绿地的功能正在向功能复合化的方向转变,即城市中同一防护绿地可能需同时承担诸如生态、卫生、隔离,甚至安全等一种或多种功能。因此,本标准对防护绿地不再进行中类的强行划分,在标准的实际运用中各城市可根据具体情况由专业人员进行分析判断,确有需要的,再进行防护绿地的中类划分。

对于一些在分类上容易混淆的绿地类型,如城市道路两侧绿地,在道路红线内的,应纳入“附属绿地”类别。在道路红线以外,具有防护功能、游人不宜进入的绿地纳入“防护绿地”。具有一定游憩功能、游人可进的绿地纳入“公园绿地”。

3.关于增设“广场用地”的说明

《城市用地分类标准(2011版)》因“满足市民日常公共活动需求的广场与公园绿地的功能相近”,将“广场用地”划归G类,命名为“绿地与广场用地”,并以强制性条文规定:“规划人均绿地与广场用地面积不应小于10.0平方米/人,其中人均公园绿地面积不应小于8.0平方米/人”。以上条文规定了人均公园绿地的规划指标要求,保证了公园绿地指标不会因广场用地的归入而降低,同时有利于将绿地与城市公共活动空间进一步契合。因此,本标准与之对接,增设“广场用地”大类。

《城市用地分类标准(2011版)》规定:“广场用地”是指“以游憩、纪念、集会和避险等功能为主的城市公共活动场地”,“不包括以交通集散为主的广场用地,该用地应划入‘交通枢纽用地’”。

将“广场用地”设为大类,有利于单独计算,保证原有绿地指标统计的延续性。同时，本标准提出“广场用地”的绿化占地比例宜大于35%是根据全国153个城市的调查资料，并参考了33位专家的意见以及相关文献研究等制定。85%以上的城市中广场用地的绿化占地比例高于30%，其中2/3以上的广场绿化占地比例高于40%，本标准将广场用地的适宜最低绿化占地比例定为35%，是符合实际情况并能够达到的。此外，基于对市民户外活动场所的环境质量水平的考量以及遮阴的要求，广场用地应具有较高的绿化覆盖率。

4.附属绿地

“附属绿地”是指附属于各类城市建设用地(除“绿地与广场用地”)的绿化用地，“附属绿地”不能单独参与城市建设用地平衡。

“附属绿地”中类的划定与命名是与城市建设用地的分类相对应的。附属绿地的大类代码是XG，X表示包含多种不同的城市用地。《城市用地分类标准(2011版)》对原有的城市建设用地分类进行了调整，为此，本标准也应做出相应的调整。为方便本标准的使用，将《城市用地分类标准(2011版)》的相关内容摘录如下：

用地代码	用地名称	内容
R	居住用地	住宅和相应服务设施的用地
A	公共管理与公共服务设计用地	行政、文化、教育、体育、卫生等机构和设施的用地
B	商业服务业设施用地	商业、商务、娱乐康体等设施用地
M	工业用地	工矿企业的生产车间、库房以及附属设施用地
W	物流仓储用地	物资储备、中转、配送等用地
S	道路与交通设施用地	城市道路、交通设施等用地
U	公用设施用地	供应、环境、安全等设施用地

"附属绿地"因所附属的用地性质不同,在功能用途、规划设计与建设管理上有较大差异,应同时符合城市规划和相关规范规定的要求。

5.区域绿地

本标准对原标准的"其他绿地"进行了重新命名和细分。其主要目的是:适应中国城镇化发展由"城市"向"城乡一体化"转变,加强对城镇周边和外围生态环境的保护与控制,健全城乡生态景观格局;综合统筹利用城乡生态游憩资源,推进生态宜居城市建设;衔接城乡绿地规划建设管理实践,促进城乡生态资源统一管理。

(1)关于"区域绿地"的名称

"区域绿地"指市(县)域范围以内、城市建设用地之外,对于保障城乡生态和景观格局完整、居民休闲游憩、设施安全与防护隔离等具有重要作用的各类绿地,不包括耕地。"区域绿地"命名的目的,主要是为了与城市建设用地内的绿地进行对应和区分,突出该类绿地对城乡整体区域生态、景观、游憩各方面的综合效益。

"区域绿地"不包含耕地,因耕地的主要功能为农业生产,同时,为了保护耕地,土地管理部门对于基本农田和一般农田已经有明确管理要求。因此,虽然耕地对于限定城市空间、构建城市生态格局有一定作用,但在具体绿地分类中不计入"区域绿地"。

"区域绿地"的名称还便于在计算中进行城市建设用地内外的绿地统计,凡是列入"区域绿地"的绿地,皆不参与城市建设用地的绿地指标统计。

表2.0.4-2单列的原因有二:第一,为了与表2.0.4-1城市建设用地内的绿地进行区分。第二,本表所列的绿地类别并不是以土地的基本用途

作为分类的基础标准,而是在尊重国土分类标准规定的地类(注:主要是耕地、园地、林地、草地、水域等)划定基础之上,着重强调绿地的主体功能(包括生态环境保护、游憩康体休闲、安全防护、苗木生产等等),以便于对区域绿地的差别性政策管控。

(2)关于"区域绿地"的分类

"区域绿地"依据绿地主要功能分为4个中类:风景游憩绿地、生态保育绿地、区域设施防护绿地、生产绿地。该分类突出了各类区域绿地在游憩、生态、防护、园林生产等不同方面的主要功能。

1)关于"风景游憩绿地"的说明

指城乡居民可以进入并参与各类休闲游憩活动的城市外围绿地,"风景游憩绿地"和城市建设用地内的"公园绿地"共同构建城乡一体的绿地游憩体系。本标准从促进风景资源保护与合理利用角度出发,基于现实发展状况,进行分类梳理,同时考虑未来发展需求,根据游览景观、活动类型和保护建设管理的差异,将风景游憩绿地分为风景名胜区、森林公园、湿地公园、郊野公园和其他风景游憩绿地5个小类。

"风景名胜区",指风景名胜资源集中、自然环境优美、具有一定规模和游览条件,供人们游览、观赏、休息和进行科学文化活动的地域。主要包括经省级以上人民政府审定命名、划定范围的各级风景名胜区。本分类不包含风景名胜区位于城市建设用地以内的区域,位于建设用地范围内的应归类于G139"其他专类公园"。

EG12所指的"森林公园"位于城市建设用地范围以外,多为自然状态和半自然状态的森林生态系统,其功能定位首先是资源保护和科学研究,兼顾一定的旅游、休闲、娱乐等服务功能。

EG13所指的“湿地公园”位于城市建设用地范围以外，是以保护湿地生态系统，开展湿地保护、恢复、宣传、教育、科研、监测等为主要目的，兼顾湿地资源合理利用，适度开展不损害湿地生态系统功能的生态旅游活动。

“郊野公园”，是以较大规模的原生自然风貌和野趣景观为特色，具有风景游憩、科普教育等功能。根据国内主要城市实践、并参考日本和英国同类公园面积要求情况，郊野公园应具有一定面积规模，才能保持和发挥自然郊野特色。

“其他风景游憩绿地”，是指在城市建设用地以外、尚未列入上述类别的风景游憩绿地，主要包括野生动植物园、遗址公园、地质公园等。其中“地质公园”是以具有特殊地质科学意义、稀有的自然属性、较高的美学观赏价值，以及具有一定规模和分布范围的地质遗迹景观为主体，并融合其他自然景观与人文景观而构成的一种独特的自然区域。可开展地质遗迹展示、科普教育宣传、地质科研、监测、旅游、探险等休闲娱乐等活动。

2)关于“生态保育绿地”的说明

指对于城乡生态保护和恢复具有重要作用，通常不宜开展游憩活动的绿地，主要包括各类自然保护区、水源保护地、湿地保护区、需要进行生态修复的区域，以及生态作用突出的林地、草原等。

3)关于“区域设施防护绿地”的说明

指对区域交通设施、区域公用设施进行防护隔离的绿地，包括各级公路、铁路、港口、机场、管道运输等交通设施周边的防护隔离绿化用地，以

及能源、水工、通信、环卫等为区域服务的公用设施周边的防护隔离绿化用地。这类绿地主要功能是保护区域交通设施、公用设施或减少设施本身对人类活动的危害。

区域设施防护绿地在穿越城市建设用地范围时，因区域交通设施、区域公用设施本身不属于城市建设用地类型，所以此种情况区域设施防护绿地仍不计入城市建设用地的绿地指标统计。

4)关于“生产绿地”的说明

指为城乡绿化服务的各类苗圃、花圃、草圃等，不包括农业生产园地。随着城市的建设发展，“生产绿地”逐步向城市建设用地外转移，城市建设用地中已经不再包括生产绿地；但由于生产绿地作为园林苗木生产、培育、引种、科研保障基地，对城乡园林绿化具有重要作用，此类绿地分类不宜消失，应作为单独的绿地类型予以保留，因此本标准将“生产绿地”列为区域绿地下的一个中类。

绿地的计算原则与方法

3.0.1　绿地作为城市用地的一种类型，计算时应采用相应的人口数据和用地数据，以利于用地指标的分析比较，增强绿地统计工作的科学性。

3.0.2　绿地面积应按绿化用地的平面投影面积进行计算，山丘、坡地不能以表面积计算。每块绿地只计算一次，不得重复。

3.0.3　《城市用地分类标准(2011版)》对城市规划不同阶段用地计算的图纸比例、计算单位、数字统计精确度做了明确规定，绿地计算时应与城市规划相应阶段的要求一致，以保证城市用地统计数据的整合性。

3.0.4 为统一绿地主要指标的计算工作,便于绿地系统规划的编制与审批,并利于开展城市间的比较研究,本标准提出了绿地率、人均绿地面积、人均公园绿地面积、城乡绿地率四项主要绿地统计指标的计算公式。

现就四项指标的计算方式做如下说明:

(1)绿地率、人均绿地面积和人均公园绿地面积三项指标如无特殊指定范围,均以城市建设用地范围为用地统计范围。

(2)四项指标的计算方式既可以用于现状绿地的统计,也可以用于规划指标的计算,但计算时应符合本标准第3.0.1条的规定,用于现状绿地统计时,采用城市现状人口和城市现状建设用地数据;用于规划指标计算时,采用城市规划人口和城市规划建设用地数据;用于城乡绿地率指标计算时,采用与城市总体规划一致的相应的市(镇)域规模数据。

(3)根据对全国153个城市的调查结果显示,其中绝大多数城市都建有绿地率高于65%的绿化广场,且此类绿化广场已纳入公园绿地的统计范畴,为了管理及统计工作的顺延,根据各地具体需求和认知习惯,绿地率高于65%的绿化广场仍可划入公园绿地。

3.0.5 本标准表3.0.5中“小计”项可得出绿地率、人均绿地面积的指标。广场用地中仅将“广场用地中的绿地”参与小计及合计,这样既保证城市建设用地内的所有绿地均统计在列,广场用地中的非绿化面积不会影响指标计算,又便于衔接和延续现行绿地统计指标。“合计”项可得出城乡绿地率,便于反映城市规划区内的所有绿地情况。在城市建设用地范围内仍存在的生产绿地,可在本标准表3.0.5中“小计”项之前自行加项,在类别名称中明确类别,不在城市建设用地范围内的生产绿地,则不应加项,应计入区域绿地。